Matthias Röhe

Das Team vom PK21 und EKH II

Daten, Zahlen, Fakten zur TV-Serie „Notruf Hafenkante"

Dieses Buch enthält Fotos von den Dreharbeiten aus den Jahren 2006 (oben) bis 2015 (unten). Sehen Sie selbst, was sich seit der Erstausstrahlung am 4. Januar 2007 in der Serie bis Juli 2015 alles verändert hat.

Bibliografische Information der Deutschen Nationalbibliothek
Die Deutsche Nationalbibliothek verzeichnet diese Publikation in der Deutschen Nationalbibliothek; detaillierte bibliografische Daten sind im Internet über http://dnb.d-nb.de abrufbar.

Matthias Röhe

Das Team vom PK 21 und EKH II

„Notruf Hafenkante" – das ist mit bis zu 4,9 Millionen Zuschauern eine der erfolgreichsten Serien im Vorabendprogramm des Deutschen Fernsehens. Im Durchschnitt schauen sich etwa 3,6 Millionen Menschen jede einzelne Folge an. Dabei handelt es sich um eine Mischung aus Polizei-, Arzt- und Familienserie. Denn im Vordergrund stehen Geschichten aus dem Alltag der Hamburger Polizisten des Kommissariats 21 in der Speicherstadt, sowie den Ärzten aus dem Elbkrankenhaus. Kurzum: „Notruf Hafenkante" ist eine TV-Serie über den Berufsalltag Hamburger Streifenpolizisten und Notärzten, eingebettet mit unterhaltsamen Geschichten Hamburger Bürger.
Das Motto ist stets: „Nah an der Realität sein". Die Grundidee stammt vom Hamburger Kiez. Auf St. Pauli gab es bis 1996 das Hafenkrankenhaus, das vorwiegend für die medizinische Versorgung von Festgenommenen diente. Es gab also ein Miteinander zwischen Ärzten und Polizisten – sozusagen das Drehbuch für „Notruf Hafenkante". Auch heute sind Streifen- und Rettungswagen oft gemeinsam am Einsatzort, wenn ein Notruf abgesetzt wird. Minuten entscheiden dann über Leben und Tod – über die Festnahmen von Tätern. Das Polizeikommissariat 21 liegt direkt an der Hafenkante. Dabei handelt es sich um eine Uferlinie, die an Neumühlen beginnt, den St. Pauli Landungsbrücken vorbeiführt und bis zur Speicherstadt und der neuen Hafen-City reicht.
Dieses Buch ist eine Ergänzung zum Buch „Das Team vom PK 21 und EKH". Inhaltlich ist zwar vieles identisch, aber dieses Buch enthält andere (wenn auch teilweise ähnliche) Fotos sowie zusätzliche Kapitel.

©opyright / Redaktion by Matthias Röhe, Hamburg 07/2015
Umschlaggestaltung: Daniel Schmidt
Fotos: © FoTe Press / Matthias Röhe
Alle Rechte vorbehalten. Das Werk ist urheberrechtlich geschützt. Jede Verwendung außerhalb der Freigrenzen des Urheberrechts ohne Zustimmung des Autors ist unzulässig und strafbar. Insbesondere gilt dies für Vervielfältigungen, Übersetzungen, Mikroverfilmungen sowie die Einspeicherung und Verarbeitung in elektronischen Systemen.
Herstellung und Verlag: BoD, Books on Demand GmbH, Norderstedt
Gedruckt in Deutschland / Printed in Germany
ISBN-13: 978-3-7386-2929-3

Inhalt

Vorwort	Seite 5
Hamburgs Hafenkante – wo genau ist sie?	Seite 8
Die Drehorte der Serie Notruf Hafenkante	Seite 8
Das Notruf Hafenkante-Suchrätsel I	Seite 20
Die Polizisten vom Kommissariat 21	Seite 22
- Peter 21/1	Seite 22
- Peter 21/2	Seite 25
- Peter 21/3	Seite 31
- Der Wachhabende	Seite 32
- Kommissariatsleiter	Seite 33
- Polizeipsychologe	Seite 34
Das Team vom Elbkrankenhaus	Seite 35
- Notärzte	Seite 35
- Die Ärzte im EKH	Seite 36
- Rettungsassistenten/Krankenschwester	Seite 37
Schauspieler und ihre Rollennamen	Seite 39
Rolleneinteilung nach Staffeln von 1 bis 9	Seite 40
Foto-Visite bei Notruf Hafenkante	Seite 41
Das PK 21 ermittelt auf dem „Traumschiff"	Seite 46
Feheler – ach nein, Fehler bei „Notruf Hafenkante"	Seite 47
Hamburgs Bürgermeister Olaf Scholz am Set	Seite 49
Das Notruf Hafenkante-Suchrätsel II	Seite 50
Kurz & Knapp / Wissenswertes zur Serie	Seite 52
Ein Tag als Komparse im PK 21	Seite 53
Foto-Visite bei Notruf Hafenkante	Seite 57

Prominente Gastdarsteller   Seite 82

Peter 21/1-Team ermittelt beim „Landarzt"   Seite 89

Besuch vom Landarzt aus Deekelsen   Seite 90

Grüner Drehpass für „Notruf Hafenkante"   Seite 91

Kurz & Knapp / Wissenswertes zur Serie   Seite 92

Quellenangaben / Anmerkungen   Seite 95

Ausblick auf die zehnte Staffel   Seite 95

Die einzelnen Folgen von 2007 bis 2015   Seite 96

Weitere Produkte von Matthias Röhe   Seite 99

Dreharbeiten für die Folge „Spiel des Lebens" in der Straße Kielmannsegg in Hamburg-Marienthal. Ärzte und Rettungssanitäter kümmern sich um Elke Schmitt, die sich mit Nachbarin Veronika Waldmeyer verkracht hat.

Nachbarschaftsstreit: Bernd Thomforde und Franziska Jung werden zu Veronika Waldmeyer gerufen. Sie beschuldigt ihre Nachbarin Elke Schmitt, ihre geliebte Katze Charlie absichtlich überfahren zu haben.

Vorwort

Eine U-Bahn fährt an, im Hintergrund ist der große Hamburger Hafen zu sehen. Es folgt eine Luftbildaufnahme: vier Brücken, Dächer von Häusern und die Elbe sind zu sehen. Der Schriftzug Polizei erscheint, gezeigt wird dann das Backsteingebäude des fiktiven Polizeikommissariats 21 in der Speicherstadt. Ein Streifenwagen in blau-silber Lackierung fährt hektisch auf einer Steinkopfstraße entlang. Ein Mann liegt am Boden, wird von Polizisten in Handschellen gelegt und festgenommen. Ein Rettungstransportwagen fährt am Hafen entlang – im Hintergrund zwei Kräne. Vier Rettungssanitäter bringen einen Patienten auf einer Trage in ein Krankenhaus. Eine Ärztin – nur von hinten zu sehen – wartet im weißen Kittel auf die Ankunft des Patienten. Sie rennt dem Patienten und den Rettungssanitätern entgegen. Es folgt die Einblendung eines Bildes der Elbphilharmonie in der HafenCity. Nun erscheinen einzelne Darsteller mit Portraits- und Szenenbildern – die Namen der Schauspieler werden in weißer Schrift eingeblendet. Dazwischen immer wieder Schiffe, typische Hamburg-Bilder.

Kurz gefasst ist das der Vorspann der Serie „Notruf Hafenkante", mit fast fünf Millionen Zuschauern eine der erfolgreichsten Fernsehserien im Vorabendprogramm des Deutschen Fernsehens. Im Durchschnitt schauen sich etwa 3,6 Millionen Menschen jede einzelne Folge an.

„Notruf Hafenkante" erzählt über den spannenden Berufsalltag Hamburger Streifenpolizisten und Notärzte.

Das Konzept ist einfach: Wenn ein Bürger den Notruf wählt und einen Unfall oder ein Verbrechen meldet, sind wenige Minuten später Streifen- und Rettungswagen oft gemeinsam am Einsatzort, um Menschen zu helfen. Dabei können Minuten entscheidend sein, um Opfer zu retten oder Straftäter dingfest zu machen. Polizei und Rettungsdienste arbeiten eng zusammen – genau das ist das Konzept der erfolgreichen TV-Serie „Notruf Hafenkante".

Das Polizeikommissariat 21 liegt direkt am Hamburger Hafen; genauer gesagt in Hamburgs historischer Speicherstadt. Diese wiederum liegt direkt an Hamburgs Hafenkante, einer unverwechselbaren Uferlinie, die vom Museumshafen Övelgönne über den bundesweit bekannten Fischmarkt, vorbei an den St. Pauli-Landungsbrücken bis hin zur neuen HafenCity führt. Nils Meermann, Melanie Hansen, Wolle Wollenberger, Henning Storm, Boje Thomforde, Franzi Jung, Hans Moor, Claudia Fischer und unter anderem Kai Norden bilden unter der Leitung von Revierchef Martin Berger oder Wolf Haller ein beinahe unschlagbares Team – auch wenn sie alle niemals in ein und derselben Folge auftauchen. Denn seit der Ausstrahlung der ersten Folge am 4. Januar 2007 gab es mehrfache Formationswechsel.

Ihre Polizeiarbeit führt die Beamten des Öfteren ins nahe gelegene Elbkrankenhaus (EKH). Dort versorgen Dr. Philipp Haase, Dr. Anna Jacobi, Dr. Juliane Dietrich, Krankenschwester Frauke Prinz oder Dr. Jasmin Jonas in der Notaufnahme die Patienten, die von der Besatzung der Rettungswagen eingeliefert werden. Die drei Streifenteams vom Polizeikommissariat 21 (PK 21/1, 21/2 und PK 21/3) und das Team vom Elbkrankenhaus arbeiten allerdings nicht nur beruflich Hand in Hand: Nils und Anna sind in den ersten beiden Staffeln ein Paar und versuchen, sich mit Annas elfjährigem Sohn Ole ein gemeinsames Leben aufzubauen. Das ist oft nicht einfach. Denn beide haben Berufe, die sie ganz fordern und wenig Zeit fürs Private lassen. Beruflich haben Anna und Nils oft mit verschiedenen Seiten ein und desselben Falles zu tun: Während Nils und seine Kollegen polizeilich ermitteln, leisten Anna und das Rettungsteam des EKH erste medizinische Hilfe. Dabei spielt es keine Rolle, ob es sich um Opfer oder Täter handelt. Konflikte sind verständlicherweise vorprogrammiert: wenn die ärztliche Schweigepflicht nicht verletzt werden darf oder der Gesundheitszustand eines Patienten eine dringend benötigte Zeugenaussage nicht zulässt, knallt schon ab und an zwischen den beiden. Umgekehrt kann es aber auch Anna sein, die hinter einer angeblich harmlosen Verletzung oder einer seltsamen Erkrankung einen Fall vermutet und sodann die Polizei einschaltet.

Am Ende der zweiten Staffel wird Polizeihauptkommissar Nils Meermann in eine Polizeistation im Rheinland versetzt. Dr. Anna Jacob stirbt an den Folgen eines schweren Autounfalls.

In den Staffeln eins bis neun spielen Sanna Englund, Rhea Harder-Vennewald, Harald Maack, Thomas Scharff, Frank Vockroth, Markus Knüfken, Christian Tramitz, Wolke Hegenbarth, Uwe Fellensiek, Christoph M. Ohrt, Peer Jäger, Matthias Schloo, Bruno F. Apitz, Janette Rauch, Serhat Çokgezen, Hannes Hellmann, Minh-Khai Phan-Thi, Fabian Harloff, Gerit Kling, Manuela Wisbeck, André Willmund, Marie-Lou Sellem, Maike Bollow und Dennenesch Zoudé in durchgehenden Rollen in der TV-Serie mit.

Hautnah, spannend, packend und realistisch wird in „Notruf Hafenkante" von der gemeinsamen Arbeit von Polizisten und Notärzten in der Hansestadt Hamburg mit seinen fast 1,8 Millionen Einwohnern erzählt. Damit verbindet die Serie erstmals im deutschen Fernsehen die beiden erfolgreichsten Formate – Krimi- und Arztserie – in einem Konzept. Alles zusammen nicht als künstliches Gebilde, sondern abgeschaut aus der Realität. Hamburgs bekannte Davidwache (Polizeikommissariat 15) auf der berühmten Reeperbahn, deren Fälle oft ins ehemalige Hafenkrankenhaus (nur wenige Meter Luftlinie entfernt) führten, diente den Drehbuchautoren als Vorlage. Viele Schauspieler fuhren tatsächlich mit „echten" Polizisten auf Streife, um einen realistischen Eindruck des Polizeidienstes zu bekommen. Gleiches gilt für die Darsteller, die die Ärzte und Rettungsassistenten verkörpern. Auch sie haben zum Großteil im Rahmen eines Schnupperpraktikums den „echten" Ärzten in einem Krankenhaus über die Schulter geschaut.

Damit kommt dem Fernsehzuschauer die Serie nicht nur authentisch vor, sondern sie ist auch authentisch. Mit Ausnahme der Innenaufnahmen des PK 21 und des Krankenhauses wird die Serie komplett an Originalschauplätzen in Hamburg und Umgebung gedreht.

Mit Beginn der siebten Staffel (wurde am 20. September 2012 erstmalig ausgestrahlt) bekommt die Serie frischen Wind. „Wir haben in den einzelnen Folgen ordentlich aufgerüstet: Rettungshubschrauber und Polizeiboote sorgen für noch mehr Tempo und Dynamik in der Serie. Und vorallem gibt es spektakuläre Bilder und noch mehr Hamburger Lokalkolorit", erläuterte der Vorsitzende Geschäftsführer der Studio Hamburg FilmProduktion, Michael Lehmann, bei einem Pressetermin an Hamburgs Landungsbrücken.
Im April 2013 der Drehstart zur achten Staffel. Neues Mitglied im Team des Polizeikommissariats 21 ist Hannes Hellmann als Polizeioberrat Wolf Haller. Sein Einstieg: Haller möchte das PK 21 zum Vorzeigerevier machen. Mit seinem selbstbewussten und zynischen Auftritt stößt er jedoch auf die Skepsis seiner Mitarbeiter. Gleich der erste Tag wird für den neuen Chef zur Bewährungsprobe. Ein aus der Haft entlassener Mann macht ihn persönlich für sein angeblich erlittenes Unrecht verantwortlich.
Das Polizeiteam wird auch in der achten Staffel vom bekannten Darstellernsemble um Rhea Harder-Vennewald und Sanna Englund gebildet, die beide seit der ersten Staffel in „Notruf Hafenkante" mitspielen. Ebenfalls wieder dabei sind unter anderem Janette Rauch als Polizeihauptmeisterin Claudia Fischer, Matthias Schloo als Polizeikommissar Mattes Seeler und Bruno F. Apitz als Hauptkommissar Hans Moor. In der Klinik versehen Notärztin Dr. Jasmin Jonas (Gerit Kling) und Dr. Philipp Haase (Fabian Harloff) ihren Dienst.
Natürlich tauchen auch in der achten Staffel Prominente wie Rebecca Mir, Sila Sahin, Gedeon Burkhard, Despina Pajanou und Nick Wilder mit Gastrollen im PK 21 und dem nahegelegenen Elbkrankenhaus auf.
Mit Start der Dreharbeiten im Mai 2014 beginnt für das Polizeikommissariat 21 und die Ärzte des Elbkrankenhauses ihr neuntes Dienstjahr – zwar nicht auf dem Bildschirm, aber direkt vor Ort. In den 20 neuen Folgen der neunten Staffel verstärkt Minh-Khai Phan-Thi (Fernsehmoderatorin, Filmemacherin, Schauspielerin unter anderem „Tatort", „Nachtschicht") das Ensemble als Mutterschaftsvertretung für Polizeiobermeisterin Franzi Jung alias Rhea Harder-Vennewald. Mehr dazu lesen Sie auf Seite 95 im Kapitel „Ausblick auf die zehnte Staffel".
Das Buch „Das Team vom PK 21 und EKH" gibt Einzelheiten über die Drehorte der Serie, beschreibt die Charaktere der Polizisten vom PK 21 und der Ärzte und Mitarbeiter des EKH und stellt die Hauptdarsteller vor.
Natürlich sind auch berühmte Gastdarsteller berücksichtigt, die in den bisher 217 ausgestrahlten Folgen auftauchen: so standen schon Katja Studt, Rolf Becker, Nina Hoger, Mariella Ahrens, Jenny Elvers-Elbertzhagen, Jorge Gonzalez, Rufus Beck, Jürgen Drews, Jimi Blue Ochsenknecht, Hans Peter Korff, Lilo Wanders und Lotto King Karl, sowie beispielsweise Katy Karrenbauer vor der Kamera und wirken in einzelnen Folgen mit.
Ferner sorgt Karl Dall (Fernsehmoderator, Sänger und Komiker) in mehreren Folgen für Wirbel: Er spielt Franzis Vater, der nach vielen Jahren als Weltenbummler plötzlich im Hamburger Kommissariat 21 auftaucht.

Hamburgs Hafenkante – wo genau ist sie?

Letztendlich ist Hamburgs Hafenkante, wenn man so will, der gesamte Großraum Hamburg. Was im Fernsehen nur wenige Meter vom Polizeikommisariat 21 beziehungs vom Elbkrankenhaus entfernt liegt, ist in der Realität schon mal bis zu 30 Kilometer weit entfernt. Denn die Filmcrew dreht sowohl im Stadtteil Eimsbüttel, Rothenburgsort, Winterhude, Mümmelmannsberg, Hummelsbüttel oder beispielsweise Osdorf. In ganz Hamburg eben.

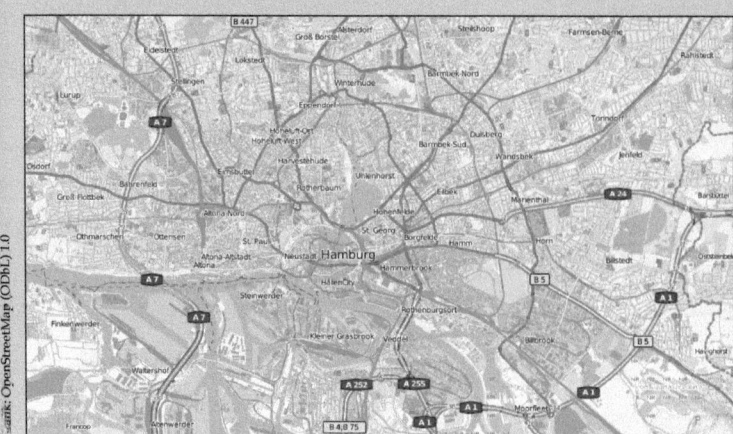

Im Westen der Stadt sind die Stadtteile Rissen und Blankenese, im Osten Bergedorf und Rahlstedt, im Norden Langenhorn und Sasel und im Süden Harburg zu finden. Hauptsächlich wird aber im inneren Bereich Hamburgs gedreht. Auf den folgenden Seiten werden immer wiederkehrende Kulissen, die von der Filmcrew ausgewählt werden, vorgestellt...

Die Drehorte der Serie „Notruf Hafenkante"

Das Einsatzgebiet des Polizeikommissariats 21: von Wedel, Blankenese, Nienstedten über Altona und Speicherstadt bis hin zur HafenCity. Oftmals haben die Polizeibeamten Einsätze in Elbnähe.
Ob illegales Feuer am Strand, ein Banküberfall, schwere Einbrüche, Straßenraub, Laden- oder Autodiebstahl – der Hamburger Hafen mit Elbe ist im Hintergrund in vielen Folgen zu sehen...
Auch die Kollegen des Elbkrankenhauses fahren mit ihren Einsatzwagen oftmals die Hafenkante von Blankenese bis Ochsenwerder entlang.
Die Außendrehorte für die Hauptsets, also dem PK 21 und dem EKH, liegen auf oder in Sichtweite der Spitze der Kehrwieder-Insel am Anfang der Speicherstadt und sind bummelig 200 Meter Luftlinie voneinander entfernt. Im Fernsehen allerdings ist diese kurze Distanz beider Gebäude nicht zu erkennen.

Grafik: OpenStreetMap (ODbL) 1.0

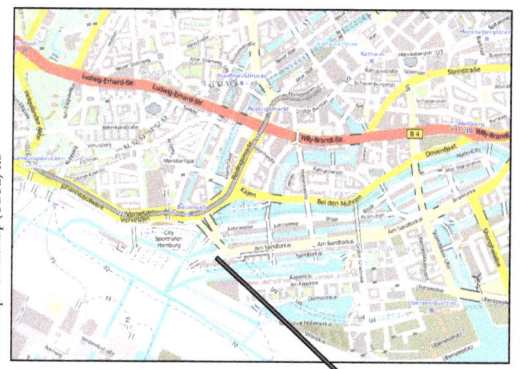

Die Außendrehorte für die Hauptsets liegen auf oder in Sichtweite der Spitze der Kehrwieder-Insel in Hamburgs historischer Speicherstadt. Das PK 21 ist in Wirklichkeit das Wasserschutzpolizei-Revier WSPF 22 (zuständig für Hafensicherheit und gefährliche Güter).
Anschrift: Kehrwiederspitze 1

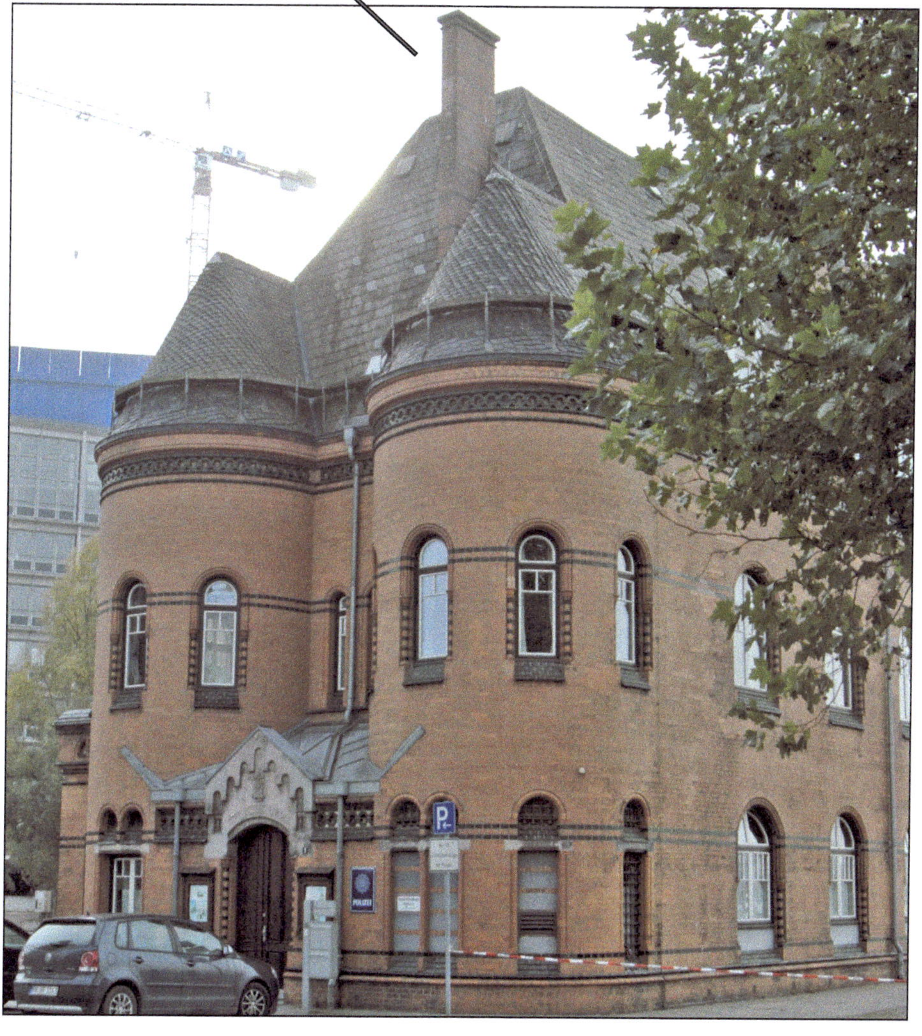

Das **Polizeikommissariat 21**: Das Gebäude befindet sich direkt an der Kehrwiederspitze in der Speicherstadt und ist in Wirklichkeit das Wasserschutzpolizei-Revier WSPF 22. Über dem Eingang ist im Fernsehen der Schriftzug „Polizei" zu sehen. Es wird immer nur für Dreharbeiten der Serie an der Wand befestigt. Die Wasserschutzpolizei ist zuständig für die Hafensicherheit und Überprüfung von Schiffen mit gefährlichen Gütern an Bord. Zudem bildet die generelle Sicherheit auf der Elbe einen Schwerpunkt der Hamburger Wasserschutzpolizei. Die Beamten fahnden, ermitteln bei Seeunfällen, verfolgen Umweltdelikte, Ordnungswidrigkeiten und Straftaten in der See-, Binnen- und Sportschifffahrt und sorgen für die Einhaltung von Sicherheitsvorschriften. Für die Serie „Notruf Hafenkante" allerdings wird aus der Wasserschutzpolizei im Handumdrehen die Schutzpolizei mit integrierter Kriminalpolizei (Polizeikommissariat 21).

Das Gebäude passt ideal zum Drehbuch: schließlich liegt es im warsten Sinne des Wortes direkt an der Hafenkante.

Nach Angaben eines „Location-Scout" (sucht Kulissen wie Parks, Plätze und Gebäude für Dreharbeiten aus) war natürlich die Lage des Gebäudes ausschlaggebend. Aber auch Parkmöglichkeiten für die Filmcrew spielten eine Rolle.

Innenaufnahmen werden in einem Bürogebäude im Lademannbogen 12 (im Stadtteil Hummelsbüttel) gedreht. Das Foto links zeigt Serhat Çokgezen als Polizeimeister Tarik Coban im Großraumbüro. Foto rechts: Das Gebäude von außen.

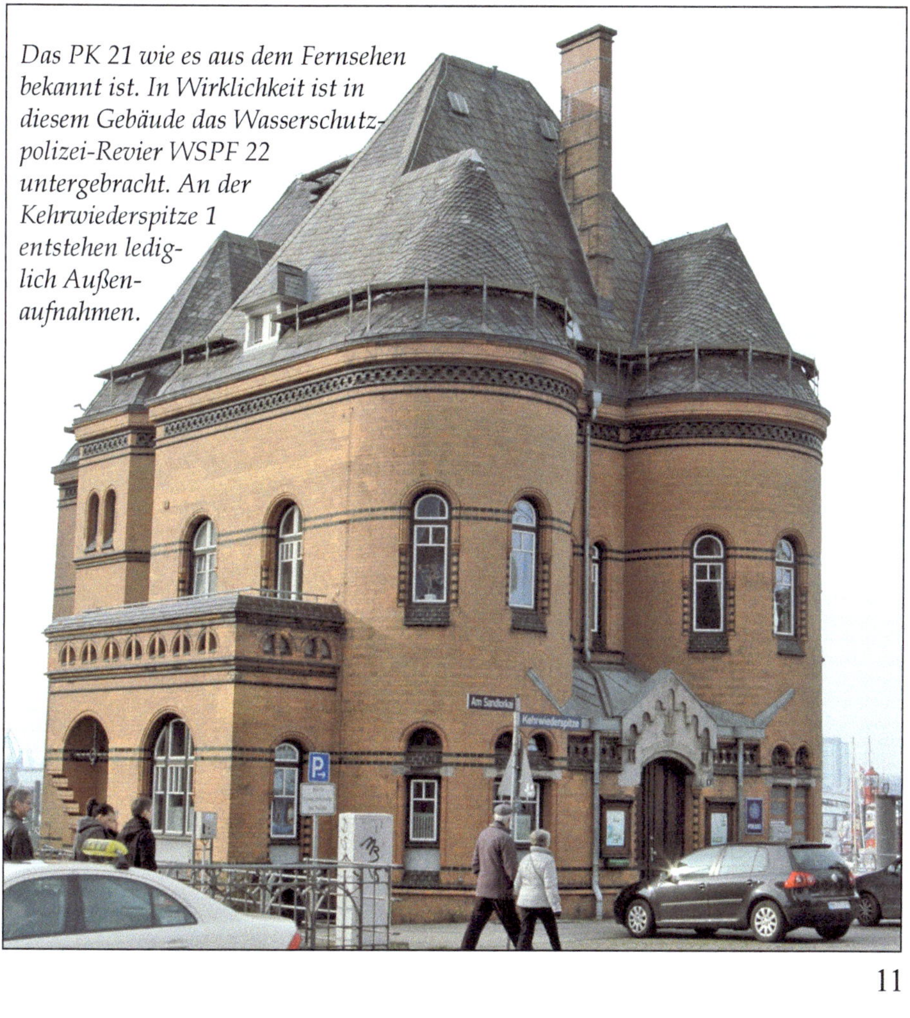

Das PK 21 wie es aus dem Fernsehen bekannt ist. In Wirklichkeit ist in diesem Gebäude das Wasserschutzpolizei-Revier WSPF 22 untergebracht. An der Kehrwiederspitze 1 entstehen lediglich Außenaufnahmen.

Vom Polizeikommissariat 21 starten die Polizistenteams 21/1, 21/2 und 21/3 ihre Touren durch Hamburg. Da das „echte" Revier selten von Streifenwagen heimgesucht wird, stellt das Filmteam an Tagen des Drehs Mietfahrzeuge auf den angrenzenden Parkplatz, die wie echte Polizeidienstfahrzeuge aussehen – mit Aufschrift „Polizei", Blaulicht und Behördenkennzeichen versehen.

Die Innenaufnahmen allerdings wurden in den ersten drei Staffeln in einem leerstehenden Gebäude im Quartier Ochsenzoll im Stadtteil Langenhorn produziert. Auf dem Gelände des Allgemeinen Krankenhauses Ochsenzoll, das im Jahr 1893 als „Anstalt Ochsenzoll" gegründet und als landwirtschaftlich ausgerichtete Dependence der Irrenanstalt Eilbek diente, wurde ein Gebäudetrakt als Polizeiwache eingerichtet. Das Gelände befindet sich in der Langenhorner Chaussee 560.

Seit der vierten Staffel, die im Jahr 2009 in Hamburg gedreht und im Folgejahr ausgestrahlt wurde, entstehen die Innenaufnahmen des PK 21 komplett im Lademannbogen 12 im Stadtteil Hummelsbüttel. Detailgetreu wurden in einer alten Lagerhalle verschiedene Büros, der Empfangsbereich, Vernehmungs- und Aufenthaltsräume nachgebaut. Die Filmcrew achtete bei der Gestaltung auf Kleinigkeiten; so wurden Poster mit Eigenwerbung der Landespolizei Hamburg an den Wänden angebracht, Bildschirmschoner mit dem Logo der Hamburger Polizei versehen und die Büroeinrichtung allgemein mit Utensilien ausgestattet, wie sie bei der „echten" Polizei üblich ist: Dienstuniformen an der Garderobe, Funksprechgeräte an den Tischen, Bänke für Besucher der Wache.

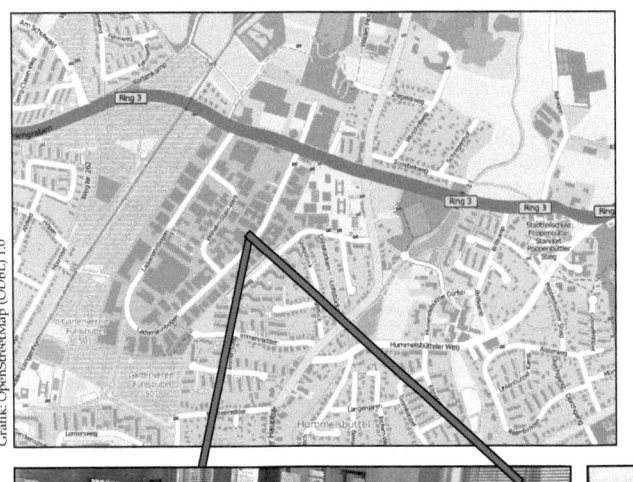

Im Lademannbogen 12 in Hummelsbüttel wurde aus einer Lagerhalle ein hochmodernes Polizeikommissariat. Großraum- und Einzelbüros, Empfangsbereich, Verhöhrzimmer und Gefangenenzellen wurden detailgetreu einer echten Wache nachempfunden.

Links: So sieht das Filmfahrzeug aus, wenn es auf öffentlichen Straßen in Hamburg unterwegs ist. Die Aufschrift „Polizei" an den Seitentüren und der Motorhaube sind abgeklebt, das Blaulicht wird verhüllt und die Behördenkennzeichen abgeschraubt. Auf dem Foto rechts ist der Streifenwagen (in Hamburg auch Peterwagen genannt) so, wie er auch in der Serie zu sehen ist.

Das Foto links zeigt Aktenordner. Es sind Requisiten mit fiktiven Protokollen aus dem Jahr 2008. Das Foto rechts zeigt Polizeikommissar Mattes Seeler an seinem Arbeitsplatz im PK 21 - einem Großraumbüro...

Das PK 21, wie es von der Wasserseite aus zu sehen ist.

Polizeiobermeisterin Franziska „Franzi" Jung im Empfangsbereich des PK 21.

Ein weiterer wesentlicher Bestandteil der Serie „Notruf Hafenkante" ist das **Elbkrankenhaus** (EKH). Denn, wie bereits im Vorwort erwähnt, handelt es sich bei der Serie um eine kombinierte Polizei- und Arztserie. Deshalb ist die zweite wesentliche Handlungsgeschichte in dem fiktiven EKH zu finden. Das Elbkrankenhaus befindet sich zwischen den U-Bahn-Haltestellen Baumwall und Rödingsmarkt und ist gegenüber von der Kehrwiederspitze. Das fiktive EKH ist in Wirklichkeit ein Gebäude, in dem das Oberhafenamt untergebracht ist. Zum Aufgabengebiet des Oberhafenamtes gehört die präventive Wahrnehmung, vorhersehbare Störungen rechtzeitig zu erkennen und entsprechende Maßnahmen zu ergreifen. Das Oberhafenamt trägt wesentlich zur Produktivität des Hamburger Hafens bei.

Schließlich herrscht im Hamburger Hafen täglich ein hohes Aufkommen an See-, Binnen-, Traditions-, und Sportschiffen. An einem solchen Knotenpunkt ist reibungsloser Verkehr nur dann möglich, wenn die nautische Sicherheit ständig gewährleistet ist. Und genau dafür ist das Oberhafenamt zuständig. Für den Alltag bedeutet das, durch Verkehrsverwaltungsmaßnahmen die Sicherheit des Schiffsverkehrs aufrechtzuerhalten und wenn möglich noch weiter zu erhöhen.

In der Serie „Notruf Hafenkante" ist das Gebäude ausschließlich von außen zu sehen, es werden vor Ort keine Innenaufnahmen produziert. Mittels eines so genannten E-Shots bekommt der Zuschauer lediglich den Eindruck, die nächste Handlung spielt genau in diesem Gebäude. Aus verschiedenen Gründen ist das Oberhafenamt aber nur als Kulisse in der Außenansicht berücksichtigt. Mit einer Buchstaben-Animation auf dem Dach bekommt der Zuschauer den Eindruck, folgende Szenen spielen nun im EKH.

Die Innenaufnahmen des Elbkrankenhauses wurden bis einschließlich der dritten Staffel ebenfalls in dem leerstehenden Gebäude des Klinikums Ochsenzoll im Hamburger Norden gedreht (Seite 12). Auf dem großen Betriebsgelände des AK Ochsenzolls wurde eine komplette Etage in ein Krankenhaus umgebaut: mit einem typisch langen Flur (auf dem Patienten, Besucher und Krankenhauspersonal auf und ab gehen), mehreren Krankenzimmern, Besucherräumen, Schwesterzimmern und Operationssälen sowie Aufwachräumen. Auch im Krankenhaus ist das Filmteam bei der Ausstattung sehr genau und achtet auf Details, wie Beschilderungen, Hinweisschildern oder beispielsweise Merkblättern mit Patienteninformationen. Auch die einzelnen Krankenzimmer sind originalgetreu nachgebaut. Das einzige was fehlt: die für ein Krankenhaus typischen Gerüche. Aber die sind fürs Fernsehen ja sowieso von keiner Bedeutung – Geruchsfernsehen gibt es noch nicht.

Seit der vierten Staffel dreht das Filmteam die Innenaufnahmen des EKH in einem leerstehenden Bürogebäude im Hamburger Stadtteil Hummelsbüttel. Im Lademannbogen ist, wie auch das Polizeikommissariat 21, in einer Art Lagerhalle das Krankenhaus nachgebaut worden. Auch hier stehen im Flur rollbare Betten, hängen Beschilderungen an der Decke, liegen Merkblätter mit Patienteninformationen in entsprechenden Ständern. Der Krankenhaustrakt allein umfasst fast etwa 150 Quadratmeter Fläche, auf denen sich das Filmteam austoben kann. Wenn allerdings Kamera, Beleuchtung und sonstiges Equipment aufgebaut ist, entsteht schon mal eine Enge...

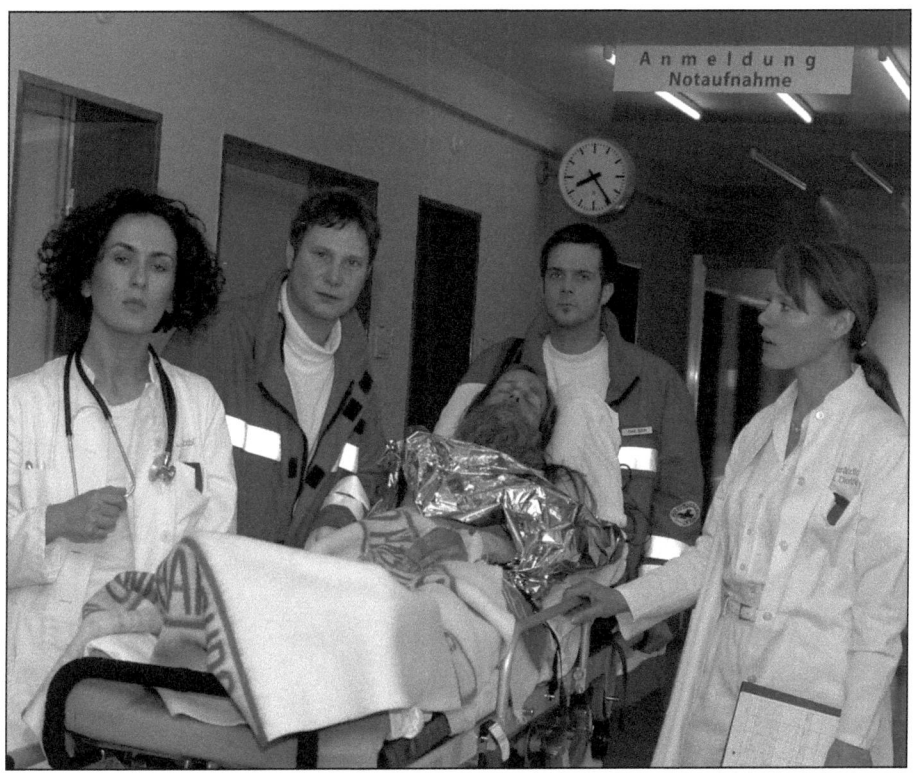

Sieht aus wie in einem echten Krankenhaus: der Eingangsbereich zur Notaufnahme des EKH. Dieses Szenenfoto entstand bei Dreharbeiten auf dem Gelände des AK Ochsenzoll im Stadtteil Langenhorn im Jahr 2007.

Von links: Dr. Philipp Haase (gespielt von Fabian Harloff), Dr. Anna Jacobi (Marie-Lou Sellem) und Rettungsassistent Malte Ohlsen (André Willmund) im Eingangsbereich zur Notaufnahme (2007). Dr. Anna Jacobi und ihr Rettungsteam leisten medizinische Hilfe, egal, ob es sich um Opfer oder Täter handelt. Wenn kriminelle Menschen eingeliefert werden, tauchen oftmals die Polizisten des PK 21 im EKH auf.

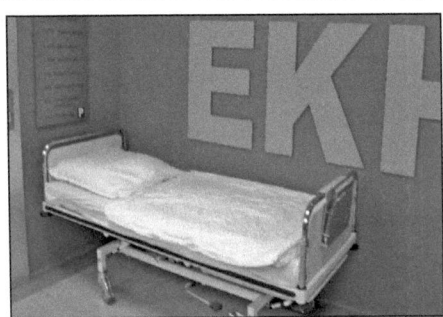

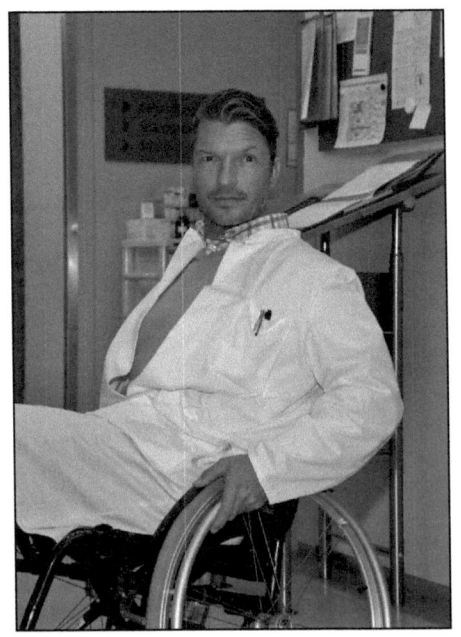

Foto oben: Detailgetreu ist im Landemannbogen 12 ein Krankenhaus nachgebaut worden. Riesige Buchstaben signalisieren dem Zuschauer, dass er sich in der Szene im EKH befindet. Auf dem Flur steht ein Krankenbett, an der Wand hängen Info-Tafeln.
Foto rechts: Der ärztliche Direktor Dr. David Lindberg (gespielt von Hardy Krüger junior). Die Fotos entstanden 2015.

Wiederkehrende Kulissen für die Serie „Notruf Hafenkante" sind unter anderem die **Speicherstadt** und die angrenzende **HafenCity**, sowie Stadtteile in Elbnähe (Altona, Nienstedten, Othmarschen, Blankenese). Die Filmcrew macht aber auch des öfteren einen Stop in Eimsbüttel. In der dortigen **Lenz-Siedlung** werden meist die urigen Hochhäuser als Kulisse benutzt.

Die historischen Speicher dienen immer wieder als Kulisse.

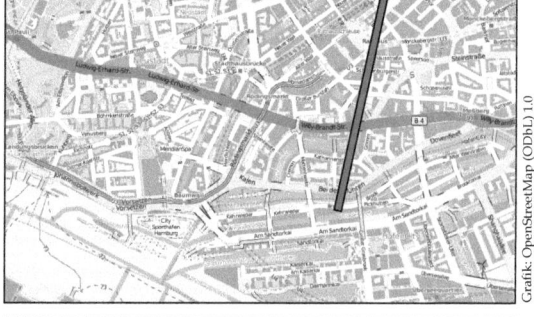

Fotos links: Die so genannte Lenz-Siedlung in Eimsbüttel ist beliebte Kulisse. Mehrfach werden dort verschiedene Szenen gedreht. Dem Filmteam sind die Hochhäuser in der Lenz-Siedlung aber manches Mal nicht hoch genug – dann geht es aufs Dach der Jugendherberge auf St. Pauli. Das Foto unten zeigt einen Teil der Filmcrew bei Dreharbeiten. Vom Dach aus hat das Team eine schöne Aussicht auf den Hafen und St. Pauli.

Wiederkehrende Kulissen sind neben der Speicherstadt, HafenCity und Lenz-Siedlung oftmals verschiedene Motive direkt am Hamburger Hafen. Ob die **St. Pauli Landungsbrücken,** der Fischmarkt oder der Museumshafen Övelgönne. Das Team dreht auch **rund um die Außenalster** und kommt mit ihrem Fahrzeugkonvoi ins **Portugiesenviertel** gefahren.

Die historische **Fischauktionshalle** *wurde 1895–1896 in Altona errichtet und dient in vielen Filmen und Serien als Kulisse.*

Die Skyline von Hamburg von der Elbe aus...

Auch die **Reeperbahn** *dient in der Serie „Notruf Hafenkante" als Kulisse. Oben die Davidwache, unten der Straßenverlauf Große Freiheit (Seitenstraße der Reeperbahn).*

Auch das Kontorhausviertel ist immer wieder Drehkulisse. Auf dem Foto zu sehen das Chilehaus (1922 bis 1924 erbaut).

Der Hamburger Hafen.

Das Team von „Notruf Hafenkante" bei Dreharbeiten an Hamburgs Landungsbrücken – eine beliebte und immer wiederkehrende Filmkulisse.

Beliebter Drehort: die Außenalster in Höhe des Harvesterhuder Weg.

Auch in der Innenstadt gibt es zahlreiche Kulissen für die Filmcrew: Hamburgs Musikhalle (Foto), der Gänsemarkt, das Gelände von Planten un Blomen (ehemaliges Gartenschaugelände) oder das Gängeviertel.

Der Hamburger Hafen.

Finden Sie die 20 Lösungswörter
Das Notruf Hafenkante-Suchrätsel

```
A H W S T U D I O H A M B U R G B Z Q
K V B N E R A L P H M E T Z G E R A S D
S E R H A T C O K G E Z E N Ö B T G
T H O M A S S C H A R F F K R T W
Z H E I D E L B E R G O A Z D F W
D V U S C H M I C H A E L S O L T A U E
F I P O L I Z E I O B E R R A T T A D K
R C K R T L K P O B E R Ä R Z T I N V H
T T R W E S T E R H O L Z O P K 2 1 T
L O T P A S T O R V B A H N L K W T E
R R H K O M P A R S E Z U H A U S H I
O I A N G E L I K A M I L S T E R A N
D A F A B I A N H A R L O F F N O Z Y G
A B C B E R L I N O T A R Z T E I T
L O B E R D E T H E A B E R L I N N A
L N W A S S E R S C H U T Z P O L I Z E I
H N H U G H B E T H A M B U R G A P
H M A N F E D D E R N E U D O R F L N
1 E U S E R N L 8 C W K 8 9 H 1 9 7 N
U 8 3 4 2 L 1 9 H E N N I N G E H R
G O B E R H A F E N A M T H G 4 6 H K
G H U M M E L S B Ü T T E L H 2 0 0 7
I L O V E V I C C I A U S B E R L I N M R
H D A S K A L T E H E R Z Z D F A R D
A L A N G E N H O R N H A O H B N M S
M S T A F F E L E I N S 2 0 0 6 D R E H T A
B S A N N A E N G L K E A P F E L B A U M
U G H Z R E A P L I U Z T F V N M K J G
R B A P T I S T B R U N O F A P I T Z D A R J
G D R E H A R B E I T E N B E R L I N G H U
F R A N Z I J U N G D A R S T E L L E R G F D N
F I L M K L A P P E P O L I Z E I H V N Z G
C F P Q V E C V K J H G M N B V Y X P O U F D
```

Für Sie ist es eine Kleinigkeit, den Vornamen von Dr. Haase zu nennen? Sie wissen den Beruf von Oliver Sander und kennen die Stadt, in der Notruf Hafenkante gedreht wird? Ferner wissen Sie, wie Rhea Harder in der Rolle als Franziska Jung mit Spitznamen angesprochen wird?
Sie kennen sich auch mit dem Inhalt der Folgen aus und würden über sich selbst sagen, dass Sie gut Bescheid wissen über „Notruf Hafenkante"?
Dann ist dieses Suchrätsel ganz sicher ein Leichtes für Sie! Beantworten Sie einfach untenstehende 20 Fragen und finden Sie die Lösung im Buchstabensalat auf Seite 20. Die Lösungen finden Sie sowohl waagerecht als auch senkrecht, nicht aber diagonal. Viel Spaß!

1. Wie heißt in der Serie Polizistin Franziska mit Nachnamen?
2. In welcher Stadt wird die Serie „Notruf Hafenkante" gedreht?
3. Wer verkörpert den Polizeihauptkommissar Nils Meermann?
4. Welche Rolle spielt Uwe Fellensiek (Vorname der Serienrolle)?
5. Welches Gebäude (es steht in der Speicherstadt) dient als Kulisse des Polizeikommissariats 21?
6. Wie heißt die 14. Folge?
7. Wer spielt den Rettungsassistenten Arne Lübbe?
8. Was wird vor jedem Dreh vom Regie-Assistenten „geschlagen"?
9. Welche Berufsbezeichnung trifft auf Martin Berger zu?
10. In welchem Stadtteil wurden die Innenaufnahmen des EKH in den ersten drei Staffeln gedreht?
11. Wer spielt den Polizeihauptkommissar Hans Moor?
12. Welchen Beruf übt Dr. Juliane Dietrich im Elbkrankenhaus aus?
13. Wer komponierte die Titelmelodie der Serie Notruf Hafenkante?
14. Welcher Schauspieler spielt die Rolle des Tarik Coban?
15. Welcher Darsteller spielt den Polizisten Henning Storm?
16. Wie lautet die Abkürzung des Elbkrankenhauses?
17. Wie heißt die 80. Folge?
18. Welcher Darsteller spielt den Arzt Dr. Haase?
19. Wo wurde Sanna Englund geboren?
20. Wie heißt das Unternehmen, das „Notruf Hafenkante" produziert?

Die Polizisten vom Kommissariat 21

Streifenwagenbesatzung Peter 21/1

Oberkommissarin Melanie Hansen
Melanie Hansen setzt sich durch und weiß, was sie will – und was nicht! Sie ist eine coole, manchmal etwas distanzierte Polizeibeamtin. Im täglichen Leben hat sie ihre Emotionen im Griff und geht auch in gefährlichen Situationen zielorientiert, rational und zupackend vor. Auf Streifenfahrten ist sie der Typ, der den Ton angibt. Privates und Persönliches gibt Melanie Hansen selten preis – sie trennt ihren Beruf von ihrem Privatleben. Deshalb hält die junge Oberkommissarin ihre Kollegen auch immer etwas auf Abstand.

Hauptkommissar Nils Meermann
Auch er sorgt in Hamburg für Recht und Ordnung und schiebt seinen Dienst im PK 21: Nils Meermann. Der junge Beamte trägt als Dienstgruppenleiter während seiner Schicht die Verantwortung für die Truppe. Mit seiner netten und charmanten Art punktet er im Team des PK 21. Er ist verantwortungsbewusst und engagiert, besitzt langjährige Berufserfahrung und einen gesunden Menschenverstand. Meermann handelt bei seinen Einsätzen stets strukturiert und professionell. Auch sein Vater war bei der Polizei, ansonsten kommt er eher aus einfachen Verhältnissen. Nils Meermann ist mit Assistenzärztin Dr. Anna Jacobi liiert. Obwohl er Anna Jacobi sehr liebt, kommen ihm manchmal Zweifel, warum sich eine so hübsche, tolle Frau für ihn entschieden hat. **In Staffel 1 und 2 fahren beide zusammen mit dem Peterwagen 21/1 auf Streife.**

Streifenwagenbesatzung Peter 21/1

Oberkommissarin Melanie Hansen
Melanie Hansen setzt sich durch und weiß, was sie will – und was nicht! Sie ist eine coole, manchmal etwas distanzierte Polizeibeamtin. Im täglichen Leben hat sie ihre Emotionen im Griff und geht auch in gefährlichen Situationen zielorientiert, rational und zupackend vor. Auf Streifenfahrten ist sie der Typ, der den Ton angibt. Privates und Persönliches gibt Melanie Hansen selten preis – sie trennt ihren Beruf von ihrem Privatleben. Deshalb hält die junge Oberkommissarin ihre Kollegen auch immer etwas auf Abstand.

Oberkommissar Kai Norden
Kai Norden nimmt das Leben von der leichten Seite, bleibt dabei stets Realist. Mit seiner offenen Art geht er direkt und ohne Hemmungen auf Menschen zu, was für seine Arbeit ein enormer Vorteil ist. Norden hat vor nichts und niemandem Angst, versucht auch in prekären Situationen stets locker und humorvoll zu bleiben. Der Oberkommissar kann blitzschnell kombinieren und handelt ebenso schnell – wenn nötig – auch allein. Er ist ein Typ, der schwer einzuordnen ist und gar nicht daran denkt, sich anzupassen. Das kriegt auch das neue Team und insbesondere Melanie Hansen zu spüren. Diese verzweifelt an der offenen, etwas chaotischen und impulsiven Art ihres Partners. Doch obwohl Kai Norden in seinen Ermittlungsmethoden oft unstrukturiert und chaotisch wirkt, sprechen seine Erfolge für sich. Auf seine Erfahrung und seine Intuition kann er sich verlassen. **In den Folgen 48–78 fahren beide zusammen mit dem Peterwagen 21/1 auf Streife.**

Streifenwagenbesatzung Peter 21/1

Oberkommissarin Melanie Hansen
Melanie Hansen setzt sich durch und weiß, was sie will – und was nicht! Sie ist eine coole, toughe und vorbildliche, manchmal etwas distanzierte Polizeibeamtin. Im täglichen Leben hat sie ihre Emotionen im Griff und geht auch in gefährlichen Situationen zielorientiert, rational und zupackend vor. Auf Streifenfahrten mit Peter 21/1 ist sie der Typ, der den Ton angibt. Privates und Persönliches gibt Melanie Hansen selten preis – sie trennt ihren Beruf von ihrem Privatleben. Deshalb hält die junge Oberkommissarin ihre Kollegen auch immer etwas auf Abstand.

Polizeikommissar Mattes Seeler
Seit Folge 79 fährt Mattes Seeler zusammen mit Melanie Hansen Streife. Als Seeler als neuer Kollege im PK 21 auftaucht, absolviert er zunächst sein Praktikum für seine Ausbildung an der Polizeifachhochschule. Danach steigt er ins Team des PK 21. Mattes Seeler ist ein waschechter Hamburger Jung' – mit dazu gehörigem, typischen Hamburger Slang. Er liebt seine Stadt: Hat er fernweh, geht er an den Hafen. Will er andere Sprachen hören, geht er ins Portugiesen-Viertel. Im Sommer sitzt Mattes Seeler mit seinen Freunden am Elbstrand und hält sich in Ecken Hamburgs auf, die ein Tourist in der Regel nie zu sehen bekommt. Mit seinen 29 Jahren ist Mattes Seeler zwar nicht gerade jung für einen Berufseinsteiger – und insbesondere für den Polizeidienst – aber gerade deswegen hat er keine Zeit mehr zu verlieren. **Seit der 4. Staffel fahren beide zusammen mit dem Peterwagen 21/1 durchs Revier.**

Streifenwagenbesatzung Peter 21/2

Polizeiobermeisterin Franziska Jung
Jung, sympathisch, hilfsbereit: das ist Franziska Jung. „Franzi", wie sie liebevoll von ihren Kollegen genannt wird, hat in ihren ersten Dienstjahren als Partnerin von Boje viele Erfahrungen gesammelt. Obwohl sie von den Kollegen und besonders von Boje als begabte Polizistin respektiert wird, muss sie sich den Respekt nach außen immer wieder erkämpfen. Einige „Kunden" nehmen sie gerade wegen ihrer Jugend und ihrer zarten Erscheinung nicht für voll.
Doch das spornt Franziskas Ehrgeiz eher an. Sie ist den Menschen sehr zugewandt, verliert dabei aber nie ihren realistischen Blick auf die Fälle. Franzi hat ihren eigenen Kopf und setzt ihn auch immer wieder durch. Franzi ist Mutter der kleinen Emma. Zusammen mit dem Polizeipsychologen Philipp Rost versucht sie, den Alltag ihrer jungen Familie zu meistern.

Oberkommissar Bernd Thomforde
Bernd Thomforde („Boje") ist ein herniger Haudegen. Eben ein echter kampferprobter Mann, der routinemäßig Grenzen überschreitet und an verschiedenen Stellen aneckt. Deshalb hat er es beförderungstechnisch nicht weit gebracht und ist „nur" Polizeioberkommissar. Boje kennt den Kiez wie seine Westentasche – er kennt seine Pappenheimer, die Prostituierten, die Zuhälter, die sozial Schwachen, die sich abseits der glitzernden Touristenmeile Reeperbahn oft im wahrsten Sinne des Wortes durchs Leben schlagen. **Gemeinsam sind beide von Folge 1 bis 59 als Team Peter 21/2 unterwegs.**

Streifenwagenbesatzung Peter 21/2

Polizeiobermeisterin Franziska Jung
Jung, sympathisch, hilfsbereit: das ist Franziska Jung. „Franzi", wie sie liebevoll von ihren Kollegen genannt wird, hat in ihren ersten Dienstjahren als Partnerin von Boje viele Erfahrungen gesammelt. Obwohl sie von den Kollegen und besonders von Boje als begabte Polizistin respektiert wird, muss sie sich den Respekt nach außen immer wieder erkämpfen.
Einige „Kunden" nehmen sie gerade wegen ihrer Jugend und ihrer zarten Erscheinung nicht für voll. Doch das spornt Franziskas Ehrgeiz eher an. Sie ist den Menschen sehr zugewandt, verliert dabei aber nie ihren realistischen Blick auf die Fälle. Franzi hat ihren eigenen Kopf und setzt ihn auch immer wieder durch.

Hauptkommissar Henning Storm
Den Kiez kennt Henning Storm wie seine Westentasche: in- und auswendig. In Hamburg ist er aufgewachsen und weiß, wie die Leute in der Millionenmetropole ticken. Dabei hat er ein untrügliches Gespür für Leute, die Dreck am Stecken haben. Dann greift er zu und bleibt so lange hartnäckig an den Fällen dran, bis die Sachlage geklärt ist. Im Eifer des Gefechts tritt er schon mal eine Tür ein – oder geht jemandem an den Kragen. Übertriebenes Verständnis für alles und jeden ist seiner Meinung nach kein guter Lehrmeister. „Wer Fehler macht, muss auch die Konsequenzen tragen – und zwar ohne wenn und aber". Henning Storm lebt sich schnell ein ins Team des PK 21.
Gemeinsam fahren Franziska Jung und Henning Storm von Folge 60 bis 110 als Team Peter 21/2 auf Streife.

Streifenwagenbesatzung Peter 21/2

Polizeiobermeisterin Franziska Jung
Jung, sympathisch, hilfsbereit: das ist Franziska Jung. „Franzi", wie sie liebevoll von ihren Kollegen genannt wird, hat in ihren ersten Dienstjahren als Partnerin von Boje viele Erfahrungen gesammelt. Obwohl sie von den Kollegen und besonders von Boje als begabte Polizistin respektiert wird, muss sie sich den Respekt nach außen immer wieder erkämpfen.
Einige „Kunden" nehmen sie gerade wegen ihrer Jugend und ihrer zarten Erscheinung nicht für voll. Doch das spornt Franziskas Ehrgeiz eher an. Sie ist den Menschen sehr zugewandt, verliert dabei aber nie ihren realistischen Blick auf die Fälle. Franzi hat ihren eigenen Kopf und setzt ihn auch immer wieder durch.

Hauptkommissar Peter Leitl
Peter Leitl ist Hauptkommissar bei der Münchner Polizei. Er steht kurz vor dem Karrieresprung und „darf" – um seinen Horizont zu erweitern – an einem bajuwarisch-hanseatischen Austauschprogramm teilnehmen. Im Rahmen dieses Austauschprogramms kommt der Bayer für einige Zeit in die Hansestadt Hamburg und darf den Beamten tatkräftige Unterstützung leisten. Peter Leitl hat allerdings – zu seinem Bedauern – in Hamburg nur eingeschränkte polizeiliche Hoheitsbefugnisse und wird Polizeiobermeisterin Franzi Jung an die Seite gestellt. Für Franzi ist ihre neue Führungsposition sehr gewöhnungsbedürftig. Sie findet aber zusehends Gefallen daran, „die Hose anzuhaben" und zu sagen, wie der Hase läuft. **Jung und Leitl sind in den Folgen 86 bis 91 unterwegs.**

Streifenwagenbesatzung Peter 21/2

Hauptkommissar Henning Storm
Den Kiez kennt Henning Storm wie seine Westentasche: in- und auswendig. In Hamburg ist er aufgewachsen und weiß, wie die Leute in der Millionenmetropole ticken. Dabei hat er ein untrügliches Gespür für Leute, die Dreck am Stecken haben. Dann greift er zu und bleibt so lange hartnäckig an den Fällen dran, bis die Sachlage geklärt ist. Im Eifer des Gefechts tritt er schon mal eine Tür ein – oder geht jemandem an den Kragen. Übertriebenes Verständnis für alles und jeden ist seiner Meinung nach kein guter Lehrmeister. „Wer Fehler macht, muss auch die Konsequenzen tragen – und zwar ohne wenn und aber". Henning Storm lebt sich schnell ein ins Team des PK 21.

Polizeimeisterin Jule Schmitt
Polizeimeisterin Jule Schmidt kommt in den Folgen 102 bis 110 (Staffel 5, Einzelheiten lesen Sie auf Seite 96) als Vertretung für die in den Mutterschutz gegangene Franzi Jung ins PK 21. Der Einstieg: Henning Storm staunt nicht schlecht, als ihm die Vertretung vorgestellt wird. Es ist Jule Schmitt, die er vor etlichen Jahren 15-jährig von der Straße geholt und später aus den Augen verloren hatte. Storm kam ihr in einer brenzligen Situation zur Hilfe. Das Erlebnis inspirierte die junge Frau eine Karriere als Polizistin anzustreben, während Henning nie erfuhr, was aus Jule wurde.

Henning und Jule werden bei ihrem ersten gemeinsamen Einsatz zum Zirkus Ravani gerufen. Dort demonstriert eine Gruppe Tierschützer gegen die Haltung des Tigerbabys Shir Khan – es ist der neue Star und Publikumsliebling des Familienzirkus.

Streifenwagenbesatzung Peter 21/2

Polizeiobermeisterin Franziska Jung

In ihren ersten Dienstjahren hat Franzi als Partnerin von Boje und Henning viele Erfahrungen gesammelt. Einige Menschen nehmen sie gerade wegen ihrer zarten Erscheinung nicht für voll, aber genau das spornt Franzis Ehrgeiz eher an. Sie hat ihren eigenen Kopf und setzt ihn auch durch. Der harte Alltag ihres Berufs setzt ihr manchmal zu, dann braucht sie ihre Kollegen, die sie wieder aufbauen. Franzi ist mit dem Polizeipsychologen Philipp Rost liiert. Mit ihm hat sie zwei Kinder und nach einigem Auf und Ab in ihrer Beziehung haben die beiden schließlich geheiratet. Was für Franzi natürlich nicht bedeutet, jetzt den Polizeidienst zu quittieren...

Polizeihauptkommissar Hans Moor

Qualität vor Quantität – das ist das Motto, nach dem Hans Moor lebt. Langes Rumpalavern ist nicht seine Sache und wenn es ihm reicht, fährt er seinen Kollegen auch mal über den Mund. Dabei ist er eigentlich ein sympathischer Typ, mit dem viele gut auskommen. Bevor Moor ins PK 21 kam, war er Ermittler beim LKA. Dort musste er seine Position wegen interner Querelen aufgeben. Wieder als Streifenpolizist zu arbeiten, ist für ihn keine Degradierung, sondern eine Herausforderung. Privat fährt Hans Moor gern mit der Barkasse seines Freundes Kunt aufs Meer. Wasser und der Duft von Motoröl geben ihm das Gefühl von Heimat.
Gemeinsam fahren Franziska Jung und Hans Moor seit Folge 111 (fünfte Staffel, Erstausstrahlung 2011) als Team Peter 21/2 auf Streife.

Streifenwagenbesatzung Peter 21/2

Polizeihauptkommissar Hans Moor
Qualität vor Quantität – das ist das Motto, nach dem Hans Moor lebt. Langes Rumpalavern ist nicht seine Sache und wenn es ihm reicht, fährt er seinen Kollegen auch mal über den Mund. Dabei ist er eigentlich ein sympathischer Typ, mit dem viele gut auskommen. Bevor Moor ins PK 21 kam, war er Ermittler beim LKA. Dort musste er seine Position wegen interner Querelen aufgeben. Wieder als Streifenpolizist zu arbeiten, ist für ihn keine Degradierung, sondern eine Herausforderung.
Privat fährt Moor gern mit der Barkasse seines Freundes Kunt aufs Meer. Wasser und der Duft von Motoröl geben ihm das Gefühl von Heimat. Aufgewachsen in Dresden als Sohn eines Schlepperkapitäns, hat er einen Großteil seiner Kindheit auf der Elbe verbracht. Im Jugendwerkhof Torgau verlebte er dann die härtesten Monate seines Lebens. Danach wusste er, wozu Menschen fähig sind.

Oberkommissarin Alexandra Seifart
Polizeimeisterin Jule Schmidt kommt in der Folge 214 („Fremde Heimat") als Vertretung für die in den Mutterschutz gegangene Franziska „Franzi" Jung ins PK 21. Alexa Seifart macht zunächst auf ihre Kollegen einen sehr unterkühlten und passiven Eindruck. Seifart leidet an der psychosomatischen Krankheit Alexithymie – einer Gefühlsblindheit, sie kann weder Emotionen lesen noch zeigen und tut sich deshalb extrem schwer, zwischenmenschliche Beziehungen aufzubauen. Nach einer Eingewöhnphase punktet sie allerdings schnell und kommt gut an im Team des PK 21.

Streifenwagenbesatzung Peter 21/3

Polizeimeister Tarik Coban

Tarik Coban ist ein waschechter Hamburger: dort geboren und aufgewachsen. Coban ist ein smarter, gutgelaunter Typ mit einer großen Klappe. Sein ausgeprägter Lokalpatriotismus hat ihm schon als Jugendlicher den Spitznamen „Michel" eingebracht, doch der ist seinen Freunden vorbehalten. Auf dem Kommissariat 21 möchte er schließlich als Autoritätsperson wahrgenommen werden – da ist so ein Spitzname fehl am Platz. Coban kann gut mit Menschen umgehen und je nach Situation gibt er auch mal den Klischeetürken, in dem er die Leute einwickelt und denen die Fakten aus der Tasche zieht, ohne dass sie es merken. Außerdem ist der Deutsch-Türke ein ausgeprägter Familienmensch.

Hauptmeisterin Claudia Fischer

Zusammen mit ihrem zweiten Ehemann Tom und den beiden Söhnen wohnt Claudia Fischer etwas außerhalb von Hamburg. In Polizeikreisen ist die Polizeihauptmeisterin für ihre Schießkünste bekannt. Seit Jahren führt sie die „Treffertabelle" in Norddeutschland an, was die Kollegen selbstredend beeindruckt. Fischer verschafft sich mit ihrem trockenen Humor und ihrem rauen Charme schnell Respekt bei ihren Kollegen und den „Kunden". Claudia Fischer ist eine attraktive, gestandene Frau, die schon Einiges erlebt hat. Ihre Erfahrungen haben sie in dem Entschluss bestärkt, Polizistin zu werden. **Seit der fünften Staffel gehen Tarik Coban und Claudia Fischer als Team Peter 21/3 in der Hansestadt auf Streife.**

Wachhabender im Kommissariat 21

Oberkommissar Jörn Wollenberger
Wenn es auch einmal etwas chaotisch im PK 21 zugeht: ein Beamter behält immer einen kühlen Kopf: „Wolle", wie er liebevoll von seinen Kollegen genannt wird. Jörn Wollenberger, Wachhabender im PK 21, ist ein gemütlicher Mensch. Er ist stets guter Laune und ist einfach eine Frohnatur. Wollenberger hat mehrere Jahre Polizeidienst auf dem Buckel - davon 25 Jahre auf Streife. Nun ist er im Innendienst tätig – und hat dennoch alle Hände voll zu tun. Er hat in seiner langjährigen Laufbahn schon alles gesehen und erlebt, was einem als Polizist im Streifendienst vorkommen kann. Wenn es ernst wird, kann ein jeder auf Wolle zählen. Jörn Wollenberger kennt alle Polizisten sehr gut und weiß zumeist auch etwas über ihr Privatleben. Er ist so etwas wie die gute Seele des Reviers. Als neugieriger Typ sorgt Wolle für so manche komödiantische und witzige Einlage.

Wolle ist ein gemütlicher Mensch, immer guter Laune, eine Frohnatur. Er sitzt im Revier und nimmt die Notrufe entgegen, um die sich dann die Einsatzteams Peter 21/1, Peter 21/2 und Peter 21/3 kümmern.

Info: Der Wachhabende untersteht dem Leiter des Polizeikommissariats und dessen Stellvertreter. Der Wachhabende ist verantwortlich für die Dienstbereitschaft des Kommissariats, nimmt eingehende Notrufe von der Leitstelle (im Polizeipräsidium) entgegen und setzt die einzelnen Einsatzteams im Gebiet des Kommissariats ein. Er absolviert den vorschriftsmäßigen Wachdienst, koordiniert alle Einsätze in seinem Revier. Er fertigt Lageberichte.

Kommissariatsleiter

Polizeioberrat Martin Berger

Er ist das Alphatier unter den Beamten des PK 21: Martin Berger. Seines Zeichens Revierleiter. Martin Berger ist der souveräne und unumstrittene Chef im PK 21. Er handelt oft konservativ und gilt als streng. So ist es auch kein Wunder, dass gegenüber seinen Kollegen schon mal harte, aber ehrliche Worte fallen. Er explodiert auch gelegentlich, aber nach Außen steht er wie ein Bollwerk vor seinem Team. Martin Berger ist ein routinierter Revierleiter, der viel Wert auf korrektes Verhalten und die Einhaltung von Dienstvorschriften legt. Er ist zwar hart, aber er hat auch überraschend nette Seiten. Zum Beispiel dann, wenn es darum geht, einem Kollegen Zuspruch zu geben. Durch seine Rolle als Revierleiter hat Martin Berger ziemlich viele Verwaltungsaufgaben zu bewältigen. Er ist im Gegensatz zu den Kollegen nicht draußen auf der Straße unterwegs. Aber er weiß, wie es dort zugeht – denn früher war er selbst ein Schutzpolizist. Sein Kindheitstraum war früher mit Schiffen zu arbeiten – so kam er zur Hafenpolizei und schließlich zum PK 21.

Polizeirat Mark Grüning

In der Episode „Held des Tages" bekommt das PK 21 einen neuen Revierleiter: Polizeirat Mark Grüning. Für vier Folgen agiert er als Stellvertreter für Martin Berger und legt größten Wert auf effektive und strategische Ermittlungsarbeit. Dazu gehört zuallererst, dass sich die Kollegen fortan „in weniger Kleinkram verlieren". In Folge 168 endet die krankheitsbedingte Vertretungszeit.

Polizeioberrat Wolf Haller

Seit Folge 185 gibt es im Polizeikommissariat 21 einen neuen Dienststellenleiter: Wolf Haller. Und der hat sich so einiges vorgenommen. Als neuer Chef beabsichtigt Haller das PK 21 ganz nach vorne zu bringen und zum Vorzeigerevier von ganz Hamburg zu machen.

Die vergangenen sieben Jahre hat er als Polizeiführer im Führungs- und Lagedienst in Hamburg gearbeitet und kennt alles und jeden in der Hansestadt. Nur die Arbeit auf der Straße ist ihm nicht mehr ganz so vertraut, aber dafür sind ja die Kollegen da...

In „Spätzünder" müssen die Polizisten vom PK 21 die Entschärfung eines Blindgängers überwachen und dabei auch ein Seniorenheim evakuieren. Kein leichtes Unterfangen, denn das scheinbar geregelte Leben in einem Altenheim steckt voller Überraschungen.

Polizeipsychologe

Dr. Philipp Rost

Dr. Philipp Rost ist seit einigen Jahren als Psychologe bei der Hamburger Polizei tätig. Eines Tages muss Franziska Jung von ihrer Schusswaffe Gebrauch machen und leidet seitdem extrem. Philipp Rost betreut sie psychologisch und stößt somit ins PKt 21, in dem er öfter seinen Dienst schiebt. Aus einer beruflichen Beziehung zwischen Franzi und Philipp entwickelt sich peu á peu eine private Beziehung, die durch Franzis Schwangerschaft zum Hochpunkt ihrer Beziehung wird. Für Philipp ist es manchmal nicht leicht die berufliche und private Situation zu trennen. In der Folge "Am Ende alles auf Anfang" wollten Franzi und Philipp Heiraten – ein Traum platzt.

Das Team vom Elbkrankenhaus

Die Notärzte

Dr. Philipp Haase

Ursprünglich hat Philipp Haase Medizin studiert, um sich als selbstständiger Arzt niederzulassen und dann mit seiner Arbeit viel Geld zu verdienen. Das war sein größter Wunsch. Irgendwie ist er dabei als Notarzt auf dem Rettungswagen hängen geblieben. Immer wieder behauptet er, dass das Ganze nur eine Zwischenstation sei, aber ihm ist anzumerken, dass er Notarzt mit Leib und Seele geworden ist: Der Adrenalinkick, die Extremsituationen, die Abwechslung machen ihn mehr an, als er offen zugibt. Er liebt die Fahrten auf dem Rettungstransportwagen und stellt sich liebevoll und rasch auf den jeweiligen Patienten und das Krankheitsbild ein. Oftmals mit sarkastischem, aber immer nett gemeintem Humor unterhält er das EKH, aber im Grunde genommen hat er ein großes Herz.

Anästhesistin Dr. Helen Anneza

Sie kommt in Folge 173 als neue Anästhesistin ins Team des EKH: Helen Anneza. Sie sitzt auch als Notärztin auf dem Notarztwagen und rettet Menschen in der Hansestadt. Helen Anneza hat in den fünf Folgen (173 bis 177), in denen sie in der Serie auftaucht, eine Beziehung mit Melanie Hansen (Seite 22 ff). Helen Anneza polarisiert: Von Melanie Hansen will sie sich nichts sagen lassen, doch die Polizistin gibt ihr heftig Kontra. Und das gefällt der jungen Ärztin. Das Verhältnis zwischen Dr. Jasmin Jonas und der Neuen gestaltet sich auch nicht ganz entspannt.

Die Ärzte im EKH

Dr. Anna Jacobi

Zum festen Stamm an Mitarbeitern des Elbkrankenhauses gehört Dr. Anna Jacobi. Anna Jacobi arbeitet in der Notaufnahme des Elbkrankenhauses und bekommt somit auch die schwersten Fälle auf den OP-Tisch. Sie ist mit Leib und Seele Ärztin und stets um das Wohl ihrer Patienten bemüht. Trotzdem gerät die nette Hanseatin immer mal wieder aus der Fassung. Ihr Privatleben und der harte Beruf machen ihr ziemlich häufig zu schaffen.

Anna Jacobi ist von ihrem Ex-Mann geschieden und lebt seit der Scheidung mit ihrem Sohn Ole und seit einiger Zeit mit ihrem Verlobten, dem Polizisten Nils Meermann, zusammen. Jacobi stammt aus einer relativ reichen hanseatischen Familie. Sie hat ein ziemlich schwieriges Verhältnis zu ihren Eltern, die nicht viel Verständnis für ihre Lebensumstände zeigen. Sei es der stressige Job, der Ärger mit einigen schwierigen Patienten und die Probleme mit ihrem Ex-Mann.

In den Folgen 1 bis 32 arbeitet Jacobi im EKH, dann stirbt sie an den Folgen eines schweren Autounfalls.

Oberärztin Dr. Juliane Dietrich

Juliane Dietrich ist eine sehr ehrgeizige, erfahrene Ärztin und wirkt gegenüber ihren Kollegen im EKH eher kaltherzig. Trotzdem – oder gerade deshalb ist sie eine herausragende Medizinerin. Als Chefärztin im EKH muss sie aber auch kalt herüber kommen, nach dem Motto: „Man ist nicht Chefin, um geliebt zu werden." Sie hat sich ihren Erfolg hart erkämpft. Das Verhältnis zu ihren Kollegen ist nicht immer das Beste – vor allen Dingen mit Dr. Anna Jacobi kommt es immer wieder zu Konflikten und Zickereien.

Dr. Juliane Dietrich ist in den Folgen 1 bis 47 als Ärztin zu sehen.

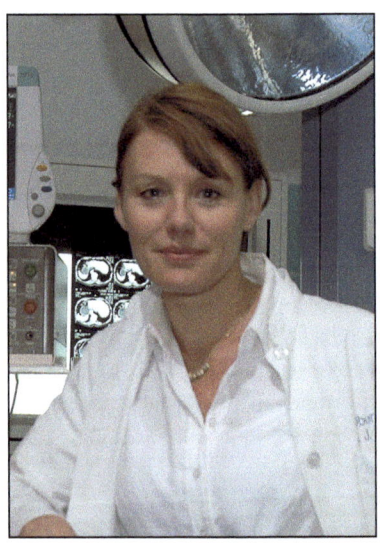

Dr. Jasmin Jonas

Wenn es um Leben und Tod geht, ist sie in der Notaufnahme stets an Ort und Stelle: Jasmin Jonas. Die junge Frau ist Ärztin der Notaufnahme im Elbkrankenhaus und kümmert sich dort mit vollem Einsatz um ihre Patienten, die teils mit schwersten Verletzungen eingeliefert werden. Als Nichte von Revierleiter Martin Berger nutzt sie gerne mal den kleinen Dienstweg in das angrenzende Kommissariat 21, um die Hilfe der Polizei in Anspruch zu nehmen. Doch auch umgekehrt hilft sie mit ihrer scharfsinnigen Beobachtungsgabe immer wieder bei Polizeifällen und verhilft ab und an, einen Verbrecher dingfest zu machen.

Jasmin Jonas wird auch von den Kollegen des Polizeikommissariats 21 als eine Frau geschätzt, die ihr Terrain im Elbkrankenhaus verteidigt und sich von niemandem hereinreden lässt. Selbst dann nicht, wenn es sich bei den Patienten um Gauner und Verbrecher handelt. Sie hat ihre Grundsätze – und das ist auch gut so! Dr. Jasmin Jonas hat immer ein offenes Ohr und fast immer ein paar Ratschläge parat.

Rettungsassistent Arne Lübbe

Arne Lübbe ist Rettungsassistent im Elbkrankenhaus und hat noch keine langjährigen Berufserfahrungen. Als Frischling hat es der junge Mann nicht leicht, die nötige Distanz zu seinen Patienten zu halten. Zu seinen Aufgaben gehört es zwar, die Patienten – und insbesondere Patientinnen auf zu muntern. Aber manches Mal übertreibt es Arne Lübbe. Mit seiner charmanten Art punktet er aber nicht nur bei den Patientinnen, sondern auch bei seinen Vorgesetzten und Kollegen. Arne Lübbe erfasst verschiedene Situationen hervorragend und reagiert stets kompetent. Dabei ist er immer freundlich, ruhig und zuversichtlich.

Rettungsassistent Malte Ohlsen
Malte Olsen ist ein junger Mann, der während seines Bundeswehrdienstes in der SAN-Staffel als Sanitäter im Einsatz war. Während seiner Bundeswehrzeit verzog es ihn sogar in den Kosovo, wo er Hilfe leisten konnte – denn zu helfen macht ihm wahnsinnig viel Spaß. Allerdings freiwillig; und nicht im Rahmen seiner Bundeswehrpflicht. Deshalb ist auch nach kurzer Zeit Schluss, da er sich von den Hierarchien und strengen Regeln innerhalb seiner Einheit unter Druck gesetzt fühlte. Er kommt nach Deutschland zurück und beginnt seine Arbeit im EKH. Seine alltäglichen Einsätze im Rettungstransportwagen machen ihm richtig viel Spaß. Er blüht fast auf. Während seiner Einsätze lernt er die junge Polizistin Franziska Jung kennen. Er kommt mit ihr zusammen. Als nach einiger Zeit allerdings ein weiterer Auslandseinsatz ruft, entscheidet sich Malte Olsen für Afrika und lässt Franzi in Hamburg. Mit dem Auslandseinsatz scheidet Malte Olsen aus der Serie aus. Dies ist in der Folge 28 („Grenzgänger") der Fall.

Krankenschwester Frauke Prinz
Die gute Seele des Elbkrankenhauses: Frauke Prinz. Am Empfang ist sie die erste, die sich um verletzte und notleidende Menschen kümmert und damit tatkräftig die Ärzte unterstützt. Frauke Prinz ist nicht auf den Mund gefallen, was ihre Kollegen gerne mal zu spüren bekommen. Unangebrachten Anweisungen von oben zeigt sie gern die kalte Schulter. Doch für ihre Patienten hat die junge Krankenschwester immer ein offenes Ohr. Wenn sie dabei noch den ein oder anderen Hinweis aufschnappen kann, der den Kollegen vom PK 21 zur Lösung eines Falles verhilft, ist sie vollkommen zufrieden...

Schauspieler und ihre Rollennamen

Schauspieler	Rollenname
Sanna Englund	Melanie „Melli" Hansen
Rhea Harder-Vennewald	Franziska „Franzi" Jung
Harald Maack	Jörn „Wolle" Wollenberger
Matthias Schloo	Mattes Seeler
Bruno F. Apitz	Hans Moor
Janette Rauch	Claudia Fischer
Serhat Çokgezen	Tarik Coban
Hannes Hellmann	Wolf Haller
Minh-Khai Phan-Thi	Alexandra „Alexa" Seifart
Thomas Scharff	Nils Meermann
Frank Vockroth	Bernd „Boje" Thomforde
Markus Knüfken	Kai Norden
Christian Tramitz	Peter Leitl
Wolke Hegenbarth	Jule Schmitt
Uwe Fellensiek	Henning Storm
Christoph M. Ohrt	Mark Grüning
Peer Jäger	Martin Berger
Simon Bröer	Dr. Philipp Rost

Fabian Harloff	Dr. Philipp Haase
Gerit Kling	Dr. Jasmin Jonas
Manuela Wisbeck	Frauke Prinz
André Willmund	Malte Ohlsen
Marie-Lou Sellem	Dr. Anna Jacobi
Maike Bollow	Dr. Juliane Dietrich
Balder Beyer	Arne Lübbe
Dennenesch Zoudé	Dr. Helen Anneza

Rolleneinteilung nach Staffeln von 1 bis 9

Polizeikommissariat 21

Rollenname	Staffel 1	2	3	4	5	6	7	8	9
Streifenteam Peter21/1									
Melanie Hansen									
Nils Meermann									
Kai Norden									
Mattes Seeler									
Streifenteam Peter 21/2									
Franziska Jung									
Bernd Thomforde									
Henning Storm									
Peter Leitl									
Jule Schmitt									
Hans Moor									
Alexandra Seifart									
Streifenteam Peter 21/3									
Claudia Fischer									
Tarik Coban									
Wachhabender									
Jörn Wollenberger									
Revierleiter/ Dienststellenleiter									
Martin Berger									
Mark Grüning									
Wolf Haller									
Polizeipsychologe									
Dr. Philipp Rost									

Elbkrankenhaus

Rollenname	Staffel 1	2	3	4	5	6	7	8	9
Notarzt									
Dr. Philipp Haase									
Dr. Helen Anneza									
Arzt im EKH									
Dr. Anna Jacobi									
Dr. Juliane Dietrich									
Dr. Jasmin Jonas									
Rettungsassistent									
Malte Ohlsen									
Arne Lübbe									
Krankenschwester									
Frauke Prinz									

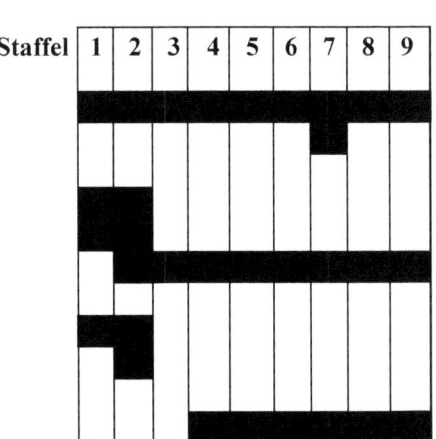

Foto-Visite bei „Notruf Hafenkante"

In der Folge „Der große Bluff" (115) tritt Stephanie Stumph (Mitte) als Nicole Bettermann auf.

So sieht das NEF (Notarzt-Einsatz-Fahrzeug) aus, wenn es auf öffentlichen Straßen in Hamburg unterwegs ist. Das Blaulicht wird verhüllt und die Behördenkennzeichen abgeschraubt.

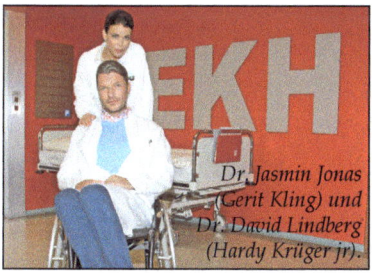

Dr. Jasmin Jonas (Gerit Kling) und Dr. David Lindberg (Hardy Krüger jr).

Melanie Hansen (Sanna Englund) und Mattes Seeler (Matthias Schloo).

41

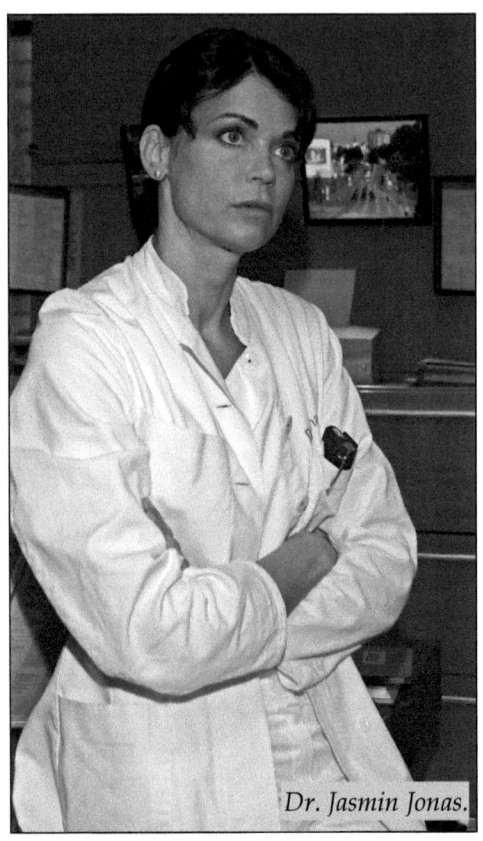

Dr. Jasmin Jonas.

Bernd „Boje" Thomforde und Melanie „Melli" Hansen vor dem PK 21 an der Hafenspitze.

Polizist Mattes Seeler (hier noch als Polizeikommissaranwärter) an den Landungsbrücken.

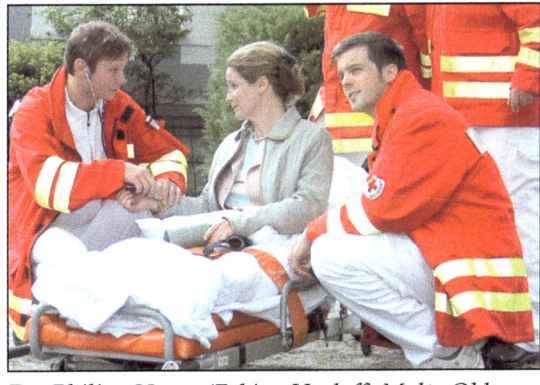

Dr. Philipp Haase (Fabian Harloff) Malte Ohlsen (André Willmund) versorgen eine Patientin.

Dr. Jasmin Jonas (Gerit Kling).

Dr. Philipp Haase (Fabian Harloff) führt gerade mit Malte Ohlsen (André Willmund) ein Fachgespräch über Medikamente im Elbkrankenhaus.

Spielt in der Folge „Familienzirkus" (102) den Zirkusdirektor Peter Ravani: Schauspieler Gojko Mitic.

In der Folge „Der große Bluff" (115) tritt Stephanie Stumph (Mitte) als Nicole Bettermann auf.

Mattes Seeler (Matthias Schloo) im Einsatz. Der junge Polizist verfolgt gerade einen Verbrecher – mit gezogener Waffe.

Neuer ärztlicher Direktor am EKH: Dr. David Lindberg (Hardy Krüger jr.).

Von links: Nils Meermann (Thomas Scharff), Melanie Hansen (Sanna Englund) und Revierleiter Martin Berger (Peer Jäger) vor dem PK 21.

Polizeimeister Tarik Coban und Polizeihauptmeisterin Claudia Fischer.

Polizeihauptkommissar Hans Moor (links) und Polizeikommissar Mattes Seeler an Hamburgs Hafenkante.

Das PK 21 ermittelt auf dem „Traumschiff"

Polizeioberkommissar Jörn Wollenberger ist hin und weg beim Anblick des „Traumschiffs", das sich gerade im Hamburger Hafen befindet. Schließlich war es schon immer sein Wunsch, gemeinsam mit seiner Mutter mit dem legendären Ozeanriesen in See zu stechen. Zwischenzeitlich ist seine Mutter verstorben, aber „Wolle" hält an seinem Ziel fest – wenn es da nur nicht so viel zu beachten gäbe bei so einer Kreuzfahrt.

In der Folge „Einmal Traumschiff" (178) müssen Beamte des PK 21 an Bord des „Traumschiffs" gehen. Grund: Ein junges Brautpaar hat seine Hochzeitsreise auf dem „Traumschiff" gebucht, steht aber nicht auf der Passagierliste. Am Schiffsterminal kommt es daher zu einer Schlägerei zwischen dem Paar und der Besatzung des „Traumschiffs". Melanie Hansen und Mattes Seeler rücken an. Die beiden Polizisten kommen mit Hilfe ihrer Kollegen Hans Moor und Franziska Jung, die in einem Reisebüro die Ermittlungen aufnehmen und dort Ungereimtheiten bei den Kontobewegungen feststellen, einer Betrügerin auf die Spur. Diese leitet das Reisebüro und ist eine langjährige Freundin von Beatrice von Ledebur (Heide Keller). Sie hat in der Vergangenheit mehrfach Luftbuchungen durchgeführt. Gemeinsam mit den Streifenpolizisten versucht die Chefhostess von Ledebur den frisch Vermählten doch noch zu ihrem ersehnten Traumurlaub zu verhelfen. Beatrice von Ledebur kann es kaum fassen, dass ihre Freundin eine Betrügerin ist.

Beatrice von Ledebur (Heide Keller) in einem Strandkorb am Hamburger Hafen.

Die „MS Deutschland" ist im Fernsehen das „Traumschiff". Hier fährt es gerade in den Hamburger Hafen ein.

Feheler – ach nein, Fehler bei „Notruf Hafenkante"

Wer Fehler sucht, der findet meistens auch welche. So auch in der TV-Serie „Notruf Hafenkante". Meist sind es Kleinigkeiten, oftmals aber auch ganz elementare Fehler, die der Fernsehzuschauer zu sehen bekommt. Die Auflistung der Filmfehler dient nicht dem Zweck, die Serie „Notruf Hafenkante" in ein schlechtes Licht zu setzen oder den Requisiteuren und Regie-Assistenten eins auszuwischen. Fehler können schlicht und einfach jedem mal passieren! Außerdem erkennt der Zuschauer den größten Teil der Fehler erst beim genaueren Betrachten – womöglich erst in einer Wiederholung.

In der Folge „Heirate mich" (Episode 25), in der unter anderem Barbara Schöneberger als Bianca Markuse, Jan Sosniok als Hanno Markuse, Luise Bähr als Tilla Horn und Michael Weber als Gerichtsvollzieher (schreit über den gesamten Hausflur, dass er einen Gerichtsbeschluss zur Räumung in der Hand hat) mitspielen, kommt es zu einem elementaren Filmfehler. Eine Frau kommt auf Melanie Hansen zugelaufen, spricht sie vor der Haustür an und teilt ihr mit, dass ihr Kind noch im Hause ist. Melanie Hansen fragt noch einmal nach. „Wo ist Ihr Kind?" Daraufhin erhält sie die Antwort, dass ihr Kind im zweiten Stock in einer Wohnung ist. Eilig fragt sie: „Zweiter Stock? Links oder rechts?" Die klare Antwort lautet: „Rechts!" Hansen bittet um die Wohnungsschlüssel, fragt noch einmal nach: „Rechts, ja?" – Melanie Hansen eilt das Treppenhaus hinauf, schubst noch einen Bewohner beiseite und geht zu einer blauen Wohnungstür. Aber: auf der linken Seite.

Apropos rechts und links: Auch in der Folge „Kein Weg zurück" (Episode 29) gibt es einen Filmfehler bezüglich der beiden Richtungen. Anna Jacobi kann in einer Szene bei einem Italiener rechts und links ebenfalls nicht auseinanderhalten.

Franziska Jung steht in der Folge „Melanies Albtraum" vor ihrem Dienstschrank, zieht sich an. Der kleine in dem Dienstschrank befindliche Waffenschrank ist in einer Nahaufnahme (etwa in Filmminute 3,24). geöffnet. Es folgt eine „Totale" (Übersichtseinstellung). Nun schließt sie ihren Waffenschrank erst auf. Wieso schließt sie einen bereits geöffneten Schrank erneut auf? Kurze Sequenz, aber es ist ein Filmfehler. Übrigens: wer genau hinschaut kann in einer Kussszene in derselben Folge Schatten der Filmcrew sehen...

In der Folge 111 („Der Soldat") kommt Franzi Jung aus ihrem Mutterschutz zurück und stößt gleich auf ihren neuen Kollegen, Hauptkommissar Hans Moor. Ihr erster gemeinsamer Einsatz führt das ungleiche Paar zu Marko Vogel, einem Bundeswehrsoldaten auf Heimaturlaub. Franzi Jung und Hans Moor gehen zum Streifenwagen. Auf dem amtlichen Kennzeichen vom Streifenwagen Peter 21/2 ist HH 7203 zu erkennen. Richtig müsste es aber heißen: HH 7201.
Als das Streifenteam Jung und Moor losfährt und in eine Straße biegt ist nun das „richtige" Kennzeichen HH 7201 zu lesen.

Bei den Kfz-Kennzeichen in der Serie „Notruf Hafenkante" handelt es sich um fiktive – also reine Filmkennzeichen. Nach jedem Dreh werden die Kennzeichen wieder abmontiert. Bei einem weiteren Dreh kann dann schon mal ein falsches Kennzeichen montiert werden... (Auf dem Foto der Streifenwagen Peter 21/1).

Auch in der Episode „Die große Versuchung" (Folge 75) kommt es zu einer Verwechslung von Kfz-Kennzeichen. Melanie Hansen und Kai Norden fahren in diesem Fall den Streifenwagen Peter 21/4. In einer Szene, in der beide im Wagen sitzen zu sehen sind, kann der Zuschauer das Kennzeichen deutlich erkkennen: „HH 7200". Und genau das Kennzeichen gehört zum Fahrzeug Peter 21/1.

In der Folge „Angst um Emma" (Folge 90) ist eine Unfallstelle zu sehen. Der Zuschauer sieht, dass Rettungssanitäter eine Trage hochheben. Die Polizisten Melanie Hansen und Mattes Seeler kommen an die Unfallstelle heran. Nun liegt die Trage wieder auf dem Boden. Bei der nächsten Einstellung – einer Perspektive von oben – sieht der Zuschauer eine Totale der Unfallstelle und da wird die Trage wieder hochgehoben.

Auch in der Folge „Geisterstunde" (Episode 100) gibt es einen Filmfehler. Polizist Mattes Seeler geht mit einem Kaffee in der Hand zweimal hintereinander über dieselbe Straße.

In der Folge „Franzi in Not" (Folge 41) besucht Bernd „Boje" Thomforde ein Bordell. Er bezahlt seinen Kaffee, geht danach nach draußen. Im Eingangsbereich wartet „Boje" versteckt darauf, dass eine bestimmte Person erscheint. Er hat Glück: die Person ist in Sichtweite, möchte mit seinem Pkw wegfahren. Thomforde möchte gerne einen Blick in den Kofferraum werfen. „Und warum?", fragt der Besitzer des Wagens. „Weil ich das Warndreieck sehen möchte", erklärt Boje. Es kommt zu einem körperlichen Angriff. Der Autofahrer braust davon, Bernd Thomforde im Streifenwagen hinterher. Dann ein Funkspruch: „Peter 21 für Peter 21/2 Anton". Fehler. Er spricht nicht ins Handfunkgerät (das wäre ein Anton-Gerät), sondern ins Funkgerät des Fahrzeugs. Somit hieße es richtig" Peter 21 für Peter 21/2."

Dies sind ausgesuchte Beispiele für Filmfehler. Weitere Fehler gibt es im Internet auf dem Videoportal www.youtube.com unter dem Begriff „Notruf Hafenkante Filmfehler" zu sehen.

Hamburgs Bürgermeister Olaf Scholz am Set

Im April 2012 kam „Hoher Besuch" ans Filmset von „Notruf Hafenkante" in den Lademannbogen im Stadtteil Hummelsbüttel: Hamburgs Erster Bürgermeister Olaf Scholz. Der Politiker absolvierte eine kleine Führung mit Schauspielern, Regisseur und Produzent. „Die Serie gefällt mir. Sie vermittelt einen tollen Eindruck von Hamburg und macht ordentlich Tempo", sagte Scholz am Set. Die kombinierte Polizei- und Arztserie, die seit dem 4. Januar 2007 einmal wöchentlich im Fernsehen läuft, bringt nach Ansicht des Bürgermeisters typisches Hamburg-Flair ins Fernsehen. Beliebte Kulissen wie Michel, Strand an der Elbe, Binnen- und Außenalster, sowie Motive in der Innenstadt ziehen viele Touristen aus ganz Deutschland an. Und das spült natürlich auch Geld in die Hansestadt. Denn wenn Touristen kommen, lassen sie auch immer Geld da. An zirka zehn Tagen pro Monat wird in den Kulissen in Hummelsbüttel gedreht. In Parkbuchten stehen dann Catering-, Masken- und Technik-Lkw, sowie Generatorwagen und Wohnmobile für die Darsteller.
Beim Besuch von Olaf Scholz standen zudem noch zwei panzerverglaste schwarze Limousinen im Lademannbogen: Der Dienstwagen des Bürgermeisters und ein Begleitfahrzeug des Landeskriminalamts. Studio-Hamburg-Geschäftsführer und Produzent der Serie Michael Lehmann hatte Olaf Scholz eingeladen, „weil eines seiner Hauptthemen von Olaf Scholz die Medienstandort-Politik ist". Der „Staatsbesuch" war aber nur von kurzer Dauer: Gerade einmal die Dauer einer „Notruf Hafenkanten"-Folge – also bummelig 43 Minuten – hatte der Bürgermeister Zeit, sich die Polizeiwache und das Elbkrankenhaus anzuschauen. Der Filmcrew war der Besuch so wichtig, dass alle Darsteller erschienen und entsprechend ihrer Rolle in Dienstuniform kostümiert waren. Und das obwohl die meisten von ihnen an dem Besuchstag drehfrei hatten.
Die Serie „Notruf Hafenkante" macht Werbung für die Stadt Hamburg – zur Freude des Bürgermeisters. Olaf Scholz macht mit seinem Besuch Werbung für die Serie. Ein Besuch mit Gewinnern auf beiden Seiten...

Bürgermeister Olaf Scholz im Kreis der Schauspieler von „Notruf Hafenkante". Die kombinierte Arzt- und Polizeiserie wird teils am Lademannbogen im Stadtteil Hummelsbüttel gedreht.

Finden Sie die 20 Lösungswörter
Das Notruf Hafenkante-Suchrätsel

```
N K B I A N C A P E G V C S K L Ü N B V S L K L O
O P P K 2 1 H A M B U R G S T E F N O R B E R T
T K F G H N I K O K R E U Z E R W A S S E R
R V P E E R J Ä G E R Ü W F Ä Ü G H P S C H W
U P R I C H V I C C I G E R I T K L I N G 5 8 S
F E R F P E T E R W E L Z A Z D F N E U K I
H G G R T U K B A Y E R N S W G J K I R T G C H
A I G R E V I E R L E I T E R C H E F P K 2 1
F S K A T Y K A R R E N B A U E R F O L G E
E S O P E L J U N G S A L T N E U A L T
N E L B K R A N K E N H A U S H F L N M S
K U J S C H R I F T S T E L L E R K I E L K
A R H H S T U D I O H A M B U R G B E R
N H K A R L O R T T O P E T E R L E I T L S
T K A I N O R D E N M E L A N I E 8 3 G H
E L M I C H A E L S O L T A U Ä T E X T E R
N O K L R B D F F G A J K H A M B U R G E L B E
R A N D F O F F 2 0 0 7 B E C H E R A K
K J H L K N C P M I C H A E L L E H M A N N B
U B R D A X Y I O P K G F D E R B N M R O A
R B A Y E R N R H E A H A R D E R K P N B Y
T 2 0 0 6 F A B I A N H A R L O F F H N U N G E
S G A Ö L U U N F A L L E K H E L B E B O O T R
E D I E N S T A U S W E I S U H B V C V N B N
L D A R S T E L L E R A C T O R J V C E R W W
L A D E M A N N B O G E N S G L A T T N O B E
M H K A T R I N P O L L I T T B E R L I N S T A D T
A B U L L E B C M O S S E R I E E R F O L G
N A L E X A N D R A S E I F E R T B E A
N D O N N E R S T A G Z D F V U L F H B
S P K 2 1 B H J L P O R E V I E R L E I T E R
U F S T U D I O H A M B U R G P R O D U K T I O N
T L K H G F D P O L I Z E I S E R I E F G H U
```

Für Sie ist es überhaupt kein Problem, welchen Dienstgrad Henning Storm (Uwe Fallensiek) hat? Sie wissen den Beruf von Oliver Sander und kennen die Stadt, in der Notruf Hafenkante gedreht wird? Ferner wissen Sie, wie Frank Vockroth in der Rolle als Bernd Thomforde mit Spitznamen angesprochen wird? Sie kennen sich auch mit dem Inhalt der Folgen aus und würden über sich selbst sagen, dass Sie gut Bescheid wissen über die Serie „Notruf Hafenkante"? Dann ist dieses Suchrätsel ganz sicher ein Leichtes für Sie! Beantworten Sie einfach untenstehende 20 Fragen und finden Sie die Lösung im Buchstabensalat auf Seite 50. Die Lösungen finden Sie sowohl waagerecht als auch senkrecht, nicht aber diagonal. Viel Spaß!

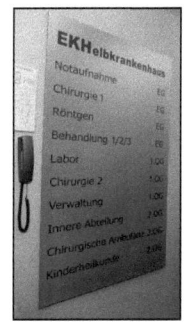

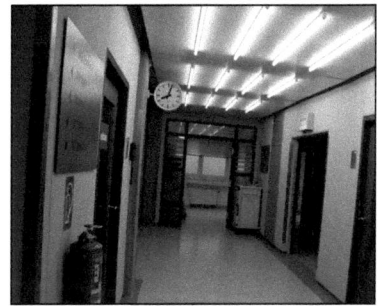

1. Welches Unternehmen produziert „Notruf Hafenkante"?
2. Wie heißt der Autoschieber in Folge „Der Maulwurf" (182)?
3. Wer spielt in der Serie den Polizisten Martin Berger?
4. Welchen Beruf übt Oren Schmuckler aus?
5. Wer spielt in der Serie Dr. Jasmin Jonas?
6. In welchem Jahr wurde die Serie erstmalig ausgetrahlt?
7. Anderes Wort für Kleindarsteller, die im Hintergrund agieren.
8. Wer komponierte die Titelmelodie der Serie?
9. Welche Rolle spielt Markus Knüfken bei Notruf Hafenkante?
10. Aus welchem Bundesland kommt Polizist Peter Leitl?
11. Welche Funktion hat Polizist Wolf Haller?
12. Mit was weist sich ein Polizeibeamter aus?
13. Welche Rolle spielt Christian Tramitz?
14. Prominente Gastdarstellerin mit Initialen KK?
15. Wofür steht das Kürzel EKH?
16. An welchem Wochentag werden die Folgen (primär) ausgestrahlt?
17. Oberkommissarin Seifart heißt mit Vornamen?
18. Wie heißt der Regisseur der Folge „Auf der Flucht"?
19. Wie heißt Polizeiobermeisterin Franziska mit Nachnamen?
20. Wie heißt in der Folge „Auf der Flucht" der 17-Jährige, der ein Bild stehlen will?

Kurz & Knapp / Wissenswertes zur Serie

- Die Folge „Flucht ins Watt" (206) spielt auf der Insel Neuwerk in der Deutschen Bucht. Neuwerk ist politisch gesehen ein Stadtteil Hamburgs, der zum Bezirk Hamburg-Mitte gehört und über 100 Kilometer Luftlinie entfernt in Richtung Cuxhafen liegt. Zwar wurde auch tatsächlich auf Neuwerk gedreht, aber viele Aufnahmen entstanden im Bezirk Bergedorf. In einem Gasthof am Dorferbogen 42 im Stadtteil Ochenwerder beispielwesie lebt Bernhard Buttfanger (gespielt von Thomas Balou Martin), ein eigenartiger Typ, der Bernsteine sammelt. Der Zuschauer sieht es so: Der zwielichtige Geschäftsmann Gor Kassabian wird in Hamburg niedergeschossen. Melanie Hansen und Mattes Seeler können den flüchtigen Täter bis auf die Insel Neuwerk verfolgen, verlieren dort aber seine Spur. Als sie den Halter (Bernhard Buttfanger) des Fluchtfahrzeugs dingfest machen können, scheint der Fall klar. Denn es gibt eine Verbindung zwischen ihm und dem angeschossenen Mann: Seine Nichte Femke ist unglücklich mit Kassabian und seinen Geschäften verbandelt. Als Inhaberin eines schlecht laufenden Bernsteinschmuckladens scheint sie unter großem finanziellen Druck zu stehen. Hat Kassabian sie womöglich erpresst? – Es wirkt so, als stünde das Wohnhaus von Buttfanger auf der Insel Neuwerk. Es steht aber in der Realität in Ochsenwerder.
- Das Hamburger Polizeikommissariat 21 wurde zu Beginn der Dreharbeiten im Jahr 2006 nach Vorbild der berühmten Davidswache entwickelt. Wie im wahren leben arbeiten Streifenpolizei und Ärzte des legendären Hafenkrankenhauses Hand in Hand.
- mit so genannten Trailern (umfasst einige Szenen einer Folge) weckt die ausstrahlende Sendeanstalt im Vorwege Interesse auf einzelne Folgen.
- Mit Ausnahme der Innenaufnahmen des PK 21 und EKH werden sämtliche Szenen an Original-Schauplätzen in Hamburg und Umgebung aufgenommen.
- On-Set-Dekorateur: Bei der Produktion einer TV-Serie gibt es Produktionsdesigner, Bühnenausstatter, Set-Designer und andere Mitglieder eines Teams, die die Bühnenbilder im Vorwege planen und gestalten. Am Set selbst ist der On-Set-Dekorateur, der situativ schnell handeln kann, wenn die Dekoration geändert werden soll. Große Veränderungen sind eher selten, denn der Regisseur spricht sich im Vorfeld mit dem Produktionsdesigner ab.
- Location: Mit diesem Begriff ist der Drehort gemeint, der für bestimmte Szenen verwendet wird. Zuständig für die Auswahl der Locations ist ein Location-Scout, der sich auf Basis des Drehbuches überlegen muss, wo die Produktion welche Szenen drehen kann. Dabei spielen Parkplatzsituation, Verfügbarkeit oder beispielsweise die Größe der Fläche oder des Raumes eine große Rolle. Auch das Budget entscheidet tatkräftig mit, wo das Filmteam Außendrehs durchführt. Gerade in einer Großstadt wie Hamburg, wo generell Parkplätze teils Mangelware sind, ist dies ein wichtiger Faktor für Produktionsunternehmen. Immerhin rücken die Teams mit mehreren Fahrzeugen an.

Ein Tag als Komparse im PK 21

Es ist 8.15 Uhr. Im Lademannbogen in Hamburg-Hummelsbüttel versammeln sich acht Komparsen, vierzehn Crewmitglieder, sowie vier Darsteller. Gemütlich beginnt der verregnete Tag mit einem Becher Kaffee, der in einem Cateringwagen frisch zubereitet und ausgeschenkt wird. Lange halten wir Komparsen es nicht in der nassen Kälte aus und wir gehen in unseren Aufenthaltsraum im ersten Stockwerk. Bevor wir uns allerdings in die bequemen Ledersessel setzen können, müssen wir zum Kostüm. Dort ziehen sich einige Komparsen als Polizisten um. Ich trete heute als Besucher der Polizeistation auf. Für mich heißt es, dass meine Privatklamotten anbleiben. Die Mitarbeiterin aus dem Kostüm bittet mich nur, während des Drehs meine Herbstjacke offen zu haben, damit man meinen bunten Pullover zu sehen bekommt. Und ich soll meinen Rucksack über meine Schulter aufsetzen.

Eine weitere Komparsin tritt ebenfalls als Besucherin auf. Sie wird gebeten, ihren roten Pullover gegen einen weniger auffälligen Pulli zu tauschen. Bei Dreharbeiten sollten die Farben rot, weiß und gestreift vermieden werden. Dies hat kameratechnische Gründe. Aber kein Thema. Die Kollegin wechselt in windeseile ihren Pullover. Abnahme ist erfolgt. Die Komparsen gehen in den Aufenthaltsraum und lesen Zeitung oder unterhalten sich untereinander.

Ich freue mich schon auf meinen Auftritt und bin gespannt, was ich konkret zu machen habe. Es ist 8.45 Uhr und wir werden gebeten, uns in einen anderen Aufenthaltsraum im Erdgeschoss zu begeben. Eine nette Assistentin aus dem Team führt uns herunter.

Wir gehen die Treppe hinab und nun staune ich nicht schlecht: wir gehen zunächst durch das „Elbkrankenhaus". Ich bin überrascht. Ich wusste gar nicht, dass auch das Krankenhaus in dem selben Bürogebäude im Lademannbogen nachgebaut wurde. Wahnsinn. Ich schaue neugierig in die Räume nach links und rechts. Operationssaal, Schwesternzimmer, Besucherraum – im nachgebauten Krankenhausflur stehen überall Krankenbetten herum. Es sieht täuschend echt aus. Der einzige Unterschied: Es riecht hier nicht wie in einem echten Krankenhaus. Zum Glück. – Auch die anderen Komparsen schauen sich die Kulissen an. Wir gehen in den Aufenthaltsraum und trinken Kaffee – die meisten zumindest. Ein Griff in eine Keksdose gehört ebenfalls dazu. Nach zehn Minuten kommt der Regie-Assistent zu uns an den Tisch, begrüßt uns nett und freundlich und sucht sogleich fünf von uns Komparsen für das erste Bild aus. Ich gehöre zu den ersten fünf Auserwählten. Zusammen sind es drei Polizisten und zwei Besucher. Schnell noch einen Schluck des heißen Kaffees und dann gehen wir gemeinsan in den Nebenraum, der als Polizeiwache eingerichtet ist. Wow. Es sieht in der Tat täuschend echt aus: ein großer Empfangstresen, mehrere Schreibtische, eine Kommandobrücke mit fünf Monitoren, überall hängen Plakate der Hamburger Polizei. In den zahlreichen Schränken stapeln sich Aktenordner. Wie auf einer echten Polizeiwache.

Der Regie-Assistent verteilt uns. Ein Polizist setzt sich an einen Schreibtisch am Fenster und bekommt die Aufgabe zu telefonieren. Ein anderer Polizist stellt sich vor den Dienstplan und steckt dort ein paar Zettel um. Der dritte Polizist soll noch einmal zurück in den Flur und auf ein bestimmtes Kommando in die Wache hinein kommen und sich dann ebenfalls an einen Schreibtisch setzen. Wir beiden Besucher sollen uns einfach auf die Stühle setzen und dem Geschehen in der Wache folgen. Gedreht wird eine Szene, in der ein Vogel aus dem Käfig ausbricht und kreuz und quer durchs Revier fliegt. Jörn „Wolle" Wollenberger (Harald Maack) versucht den Vogel wieder einzufangen. Genau dabei sollen wir, als Besucher der Polizeiwache, das Geschehen aufmerksam verfolgen.

Noch ein paar kleine Veränderungen mit dem Licht – schließlich werden auch Komparsen ins richtige Licht gerückt – beginnt der Dreh. Kamera läuft. Ton läuft. Die Klappe fällt, die Ansage „Und bitte!" ertönt. Es geht los. Ein extra für den Dreh eingesetzter Tiertrainer lässt den Vogel fliegen und gibt dem Tier Anweisungen. Auch wenn sie nicht viel nützen... Inzwischen kommen Martin Berger, Franziska „Franzi" Jung und Mattes Seeler ins Büro und unterhalten sich über einen aktuellen Fall. Jetzt sehen sie den entflohenden Vogel und beobachten „Wolle" dabei, wie er zirkusreif den Vogel zu fangen versucht. Er klettert auf einen Schreibtisch und greift nach dem Vogel, der sich auf eine Lampe gesetzt hat.

Wir Besucher der Wache schauen uns das Geschehen mit geöffnetem Mund an und tun so, als würden wir uns unterhalten. Auch der Polizistenkomparse tut nur so, als würde er telefonieren. Es muss zwar täuschend echt aussehen, aber hören darf man nichts. Denn die hochempfindlichen Mikrofone nehmen alles mit auf.

Der Regisseur unterbricht den Dreh, weil der Vogel plötzlich in eine dunkle Ecke flüchtet. Sofort eilt der Tiertrainer zum Tier und nimmt es in seine Hand, um es wieder auf Position zu bringen. Das Team, die Darsteller, die Komparsen: alle gehen sie wieder zu ihrer Anfangsposition. Ein weiteres Mal fällt die Filmklappe. „Und bitte..!" Die gleiche Szene wird nochmal wiederholt, wieder kommen Martin Berger, Franziska „Franzi" Jung und Mattes Seeler ins Büro und unterhalten sich über einen aktuellen Fall, während sich „Wolle" um den Vogel kümmert. Diesmal scheint es alles zu klappen, wie es sich der Regisseur vorstellt. Das Team macht einen so genannten Check. Das Bildmaterial wird geprüft. Nach zwei Minuten dann der entscheidende Spruch, dass der Dreh „sauber" war. Nun teilt uns der Aufnahmeleiter mit, dass etwa zehn Minuten Umbaupause ist und wir das Set räumen müssen. Wir gehen wieder in unseren Aufenthaltsraum und unterhalten uns.

Mein erster Auftritt wäre geschafft. Es hat Spaß gemacht. Ich bin schon gespannt, was mich nun erwartet. Nach fünfzehn Minuten werden wir wieder in die „Wache" gerufen. Die Ansage des Regie-Assistenten: Wir sollen genau das machen, was wir auch gerade eben gemacht. Exakt das Gleiche. Ich setze mich wieder an den selben Platz wie vorhin. Nanu. Diesmal steht die Kamera ganz

woanders. Auch die Filmcrew versammelt nun in einer anderen Ecke des Raumes. Für einen Neuling wie mich ist es ungewohnt. Aber es klärt sich schnell auf: Das Team dreht den so genannten Gegenschuss. Dieselbe Szene einfach aus einem anderen Blickwinkel. Ganz einfach. Ruhe kehrt ein, die Klappe fällt. Die Szene wird ein weiteres Mal gespielt. Wieder fliegt der Vogel kreuz und quer durch das nachgestellte Großtraumbüro. Diesmal setzt er sich allerdings auf die Haarpracht einiger Teammitglieder und Komparsen. Gelächter macht sich breit. Die Szene muss unterbrochen. Da kommt dem Regisseur die Idee, dass doch auch so etwas gedreht werden könnte.
Schauspieler Harald Maack, der als Wachhabender Polizeioberkommissar Jörn „Wolle" Wollenberger als festes Mitglied von Anfang an in der Serie mitmacht, bekommt die Instruktion, seine Jagd nach dem Vogel auf die aktuelle Situation anzupassen. It's live. Tiere reagieren nunmal nicht auf Anweisungen von Menschen und handeln nicht exakt nach Drehbüchern. Improvisation wird groß geschrieben an diesem Tag.
Wegen eines Scheinwerfers an der Wand, auf den sich der Vogel öfter verirrt hat, muss die Sitzbank auf der wir beide platziert sind, ein paar Zentimeter verrückt werden. So sind wir zwar etwas anders im Bild, aber der Vogel kann so ausgetrickst werden. Grund: Der Scheinwerfer wird mit einem Tuch abgedeckt. Der Plan geht auf. Es wird nun weiter gedreht.
Auch aus dieser Perspektive filmt das Team drei Mal, bis alles im Kasten ist. Dann steht erneut eine kurze Umbaupause bevor. Diesmal in Verlängerung mit dem Mittagessen! Eine knappe dreiviertel Stunde haben wir Zeit, das Mittagessen einzunehmen. Es gibt Fisch, Salat und frische Kartoffeln. Als Nachtisch einen Joghurt. Da noch relativ viel übrig bleibt, werden wir nochmals zum Cateringwagen gebeten – wir sollen diesmal sogar noch einen Nachschlag nehmen. Dies lasse ich mir nicht zweimal sagen und ich bestelle gleich noch einen leckeren Fischteller. Aber ich muss mich zugegebenermaßen beeilen – die Aufnahmeleitung bittet darum, uns zu beeilen, weil in wenigen Minuten die ersten Proben für ein weiteres Bild erfolgen. Kein Thema.
Schnell der letzte Happen genommen, geht es wieder in die Kulissen des Polizeikommissariates 21. Diesmal bekomme ich den Auftrag, mit einem Polizisten (ebenfalls Komparse) aus einem Nebenraum zu kommen und so zu tun, als würde ich mich mit ihm unterhalten. Dann verabschieden wir uns. Er geht an den Schrank mit den Aktenordnern und zieht sich einen solchen heraus. Währenddessen gehe ich komplett aus dem Polizeirevier heraus. Das Hauptgeschehen ist diesmal in der Mitte des Raumes. „Franzi" Jung und Mattes Seeler sitzen an ihren Arbeitsplätzen und führen einen Dialog.
Im Hintergrund laufen wir Komparsen von der einen Ecke zur anderen oder sitzen am Sprechfunk. Apropos Sprechfunk: der Komparse, der dort vorwiegend sitzt, macht Komparserie schon seit 2006. Oftmals wird er für die Serie „Notruf Hafenkante" als Polizist eingesetzt, der an der Kommandobrücke arbeitet. Meist telefoniert er, deligiert die Streifenbeamten an die Einsatzorte und überblickt die Monitore, die das Geschehen in Hamburg wiedergeben.

Für den Zuschauer zwar nur kurz zu sehen, aber dennoch elementar. Denn eine Serie ist dann erfolgreich, wenn sie authentisch ist. In einem „echten Revier" wird schließlich auch ständig gearbeitet.

Die meisten anderen Komparsen wechseln quasi bei jeder Folge. Ganz selten, dass tatsächlich immer die gleichen Komparsen auftauchen. Es sei denn, es sind so genannte Anschlussbilder, die an mehreren Tagen gedreht werden. Dann wird auch bei Komparsen darauf geachtet, dass es dieselben sind.

Ansonsten gilt: frischer Wind mit neuen Gesichtern. Frischer Wind weht just in diesem Moment. Das dritte Bild wird geprobt. Diesmal gehe ich mit einem anderen Beamten vom Vernehmungszimmer in einen großräumigen Aufenthaltsraum der Beamten. Auf ein bestimmtes Stichwort, das Rhea Harder-Vennewald in ihrem Dialog gibt, flanieren wir Zwei über den Flur von einem ins andere Zimmer.

Nun sehe ich von diesem Aufenthaltsraum aus weitere Räume. Echt witzig, wie viele Räume hier nachgebaut wurden. Beim genaueren Betrachten funktioniert zwar vieles nicht (Waschbecken ist ohne Wasseranschluss, Videokamera an der Decke des Vernehmungsraumes ist nur eine Attrappe, etc.), aber so was sieht der Fernsehzuschauer zum Glück nicht. Ansonsten sind die Diensträume authentisch nachgebaut und überall hängen Plakate der Hamburger Polizei. Der Vorteil: es kann Tag und Nacht nachgestellt werden. Es sind zwar in den einzelnen Büros Fenster eingebaut, aber diese gehen in Wirklichkeit nicht nach draußen, sondern führen in die große Lagerhalle, in der letztendlich alle Räume nachgebaut wurden. Mit Scheinwerfern und Bildern an einer Sperrholzwand, werden verschiedene Tageszeiten simuliert. Je nach Tageszeit erscheinen Hamburger Motive im Hellen – oder im Dunkeln. Bei gedämpftem Scheinwerferlicht kommt eine abendliche Stimmung auf, ohne dass tatsächlich auf reale Dunkelheit gewartet werden muss. Nachdem das Material erneut gecheckt wurde, versammelt sich das Team. Der Regisseur beendet den Drehtag mit einem kräftigen Dankschön! Ein interessanter Drehtag geht zuende. Eine spannende Erfahrung: ein Tag als Komparse bei „Notruf Hafenkante".

Foto-Visite bei „Notruf Hafenkante"

Gehen seite Folge 115 als Team Peter 21/3 in der Freien und Hansestadt Hamburg auf Streife: Polizeimeister Tarik Coban (Serhat Çokgezen) und Polizeihauptmeisterin Claudia Fischer (Janette Rauch).

Oberkommissarin Melanie Hansen (Sanna Englund) an Hamburgs Hafenkante. Im Hintergrund ist eine Werft zu sehen.

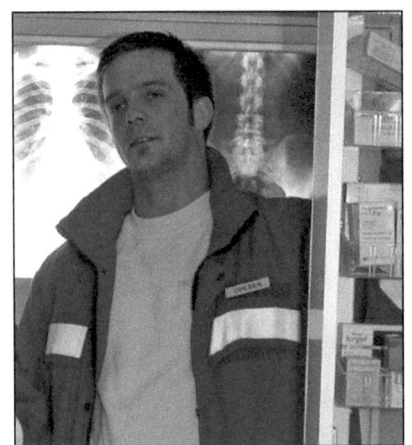 

Malte Ohlsen (André Willmund) in einem Operationssaal im Elbkrankenhaus.

Ein Großraumbüro im PK 21. Hier absolvieren die Beamten ihren (Schreibtisch-)Dienst.

Von links: Dr. Philipp Haase (Fabian Harloff), Dr. Anna Jacobi (Marie-Lou Sellem) und Malte Ohlsen (André Willmund) im Elbkrankenhaus.

Das Streifenteam Peter 21/3: Polizeimeister Tarik Coban (Serhat Çokgezen) und Polizeihauptmeisterin Claudia Fischer (Janette Rauch).

In der Folge „Der große Bluff" (115) tritt Stephanie Stumph (Mitte) als Nicole Bettermann auf.

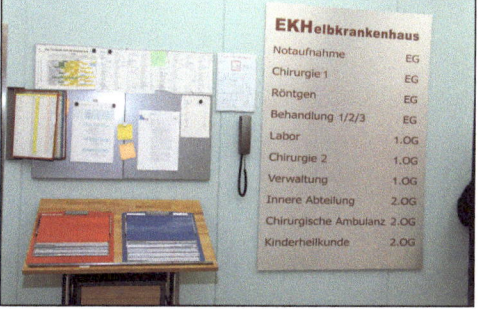

Polizistin Jule Schmitt.

Dr. Philipp Haase im EKH.

Polizeihauptmeisterin Claudia Fischer (gespielt von Janette Rauch) genießt die schöne Aussicht samt schönem Wetter auf der Elbe...

Vater und Tochter im PK 21: Karl-Heinz „Rufi" Rufenberg (Karl Dall) sorgt in mehreren Folgen für Wirbel. Nach vielen Jahren als Weltenbummler taucht der Vater von Franziska „Franzi" Jung plötzlich im Hamburger Kommissariat 21 auf – die Freude steht beiden ins Gesicht geschrieben.

Von Links: Polizeihauptkommissar Hans Moor, Polizeioberkommissarin Melanie „Melli" Hansen und Polizeikommissar Mattes Seeler am Hamburger Hafen. Im Hintergrund die HafenCity.

Franziska Jung auf einer Barkasse auf der Elbe.

Der Vater von Franziska Jung: Karl-Heinz „Rufi" Rufenberg.

Tarik Coban und Claudia Fischer.

Von links: Franziska „Franzi" Jung, Chefhostess Beatrice („Traumschiff"), Dr. Jasmin Jonas und Melanie „Melli" Hansen an Hamburgs Landungsbrücken. Im Hintergrund die Werft Blohm & Voss.

Der gut gelaunte Benny Voßberg (gespielt von Jürgens Drews) wird nach einer ausgiebigen Partynacht auf dem Kiez ins Elbkrankenhaus eingeliefert. Wie Frauke Prinzen (gespielt von Manuela Wisbeck, rechts im Bild) feststellt, muss er bei seiner Kneipentour offensichtlich gepanschten Alkohol erwischt haben und die Diagnose lautet: Methanol-Vergiftung. Voßberg hält das Krankenhauspersonal ganz schön auf Trab. So hat die „Gute Fee" vom Empfang, Frauke Prinzen alle Hände voll zu tun. Denn Benny Voßberg lässt keinen Versuch aus, das EKH wieder zu verlassen.

Franziska „Franzi" Jung (gespielt von Rhea Harder-Vennewald, links) und Melanie „Melli" Hansen (Sanna Englund). Beide absolvieren ihren Streifendienst am PK 21, das auf dem Foto rechts in Höhe der Schulterklappe von Melanie Hansen zu sehen ist.

Polizeihauptmeisterin Claudia Fischer bei Ermittlungen, bei denen sie sogar ihre Dienstwaffe ziehen muss. Gedreht wurde diese Szene am Alsterufer an der Außenalster im Jahr 2012.

Von links: Claudia Fischer (gespielt von Janette Rauch), Hans Moor (Bruno F. Apitz), Melanie Hansen (Sanne Englund) und Mattes Seeler (Matthias Schloo). Im Hintergrund ist die HafenCity, Hamburgs jüngster Stadtteil zu sehen.

Von links: Dr. Philipp Haase, Dr. Jasmin Jonas, Patient Benny Voßberg und Frauke Prinzen im EKH.

Direkt vor der U- und S-Bahnstation Landungsbrücken bereitet das Filmteam von „Notruf Hafenkante" den Dreh vor.

...auch hier laufen die Vorbereitungen für die nächsten Einstellungen auf Hochtouren...

Dreharbeiten an der Kehrwiederspitze in der Speicherstadt.

Unfallopfer Anna Bülow (gespielt von Jenny Elvers-Elbertzhagen) und ein Obdachloser (Lotto King Karl) am Hafen Hamburg.

Die Polizistinnen aus dem PK 21 und Dr. Jasmin Jonas aus dem EKH mit Anna Bülow – einer Patientin im Elbkrankenhaus.

Choreograf und Model Jorge González spielt sich in der Folge „High Heels" (154) selbst. Franzi Jung modelt hier fürs Foto...

Franziska Jung am Empfangstresen im Polizeikommissariat 21. Im Lademannbogen ist das PK 21 einem „echten" PK täuschend echt nachempfunden...

Choreograf und Model Jorge González spielt sich in der Folge „High Heels" (154) selbst.

Tarik Coban und Claudia Fischer.

Franziska Jung am Empfangstresen im Polizeikommissariat 21.

Polizeihauptmeisterin Claudia Fischer (Janette Rauch) mit gezogener Dienstwaffe am Hamburger Hafen.

Das Ortschild von Hamburg. In der Millioenmetropole entstehen die Folgen von „Notruf Hafenkante". Das Bild rechts zeigt einen Teil der Fahrzeugkolonne.

Von links: Frank Vockroth, Produzent Michael Lehmann und Rhea Harder-Vennewald.

Franziska Jung am Empfangstresen im Polizeikommissariat 21.

Karl-Heinz Rufenberg.

Polizist Mattes Seeler.

Von links: Frank Vockroth, Rhea Harder-Vennewald, Produzent Michael Lehmann und Marie-Lou Sellem und Thomas Scharff.

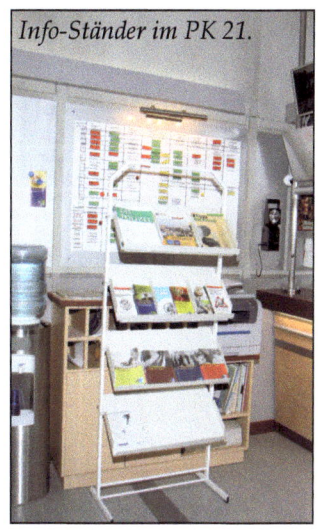

Info-Ständer im PK 21.

Die Polizisten Hans Moor (links) und Mattes Seeler.

Peter Leitl (Christian Tramitz) ist Hauptkommissar bei der Münchner Polizei. Ein Austauschprogramm führt ihn nach Hamburg.

Mattes Seeler (gespielt von Matthias Schloo) an den Landungsbrücken.

Mattes Seeler (gespielt von Matthias Schloo) am Empfangstresen im Polizeikommissariat 21 in Hamburg.

Hamburgs Hafenkante zwischen den Landungsbrücken und dem Rödingsmarkt. Oft werden hier Szenen gedreht.

Dreharbeiten an einem Rettungstransportwagen (RTW).

Ein Teil des Drehteams auf dem Dach der Jugendherberge am Stintfang.

Dr. Philipp Haase (Fabian Harloff) im EKH.

Polizeihauptmeisterin Claudia Fischer bei Ermittlungen, bei denen sie sogar ihre Dienstwaffe ziehen muss.

Franziska Jung.

Vater und Tochter im PK 21: Karl-Heinz „Rufi" Rufenberg (Karl Dall) sorgt in mehreren Folgen für Wirbel. Nach vielen Jahren als Weltenbummler taucht der Vater von Franziska „Franzi" Jung plötzlich im Hamburger Kommissariat 21 auf – die Freude steht beiden ins Gesicht geschrieben.

Sanna Englund, Rhea Harder-Vennewald, Gerit Kling, Janette Rauch, Matthias Schloo und Bruno F. Apitz, Jenny Elvers-Elbertzhagen, Jorge Gonzalez und Lotto King Karl beim Fototermin zum Start der siebten Staffel von „Notruf Hafenkante".

Fabian Harloff als Dr. Philipp Haase.

Chefhostess Beatrice („Traumschiff") und Polizist Mattes Seeler.

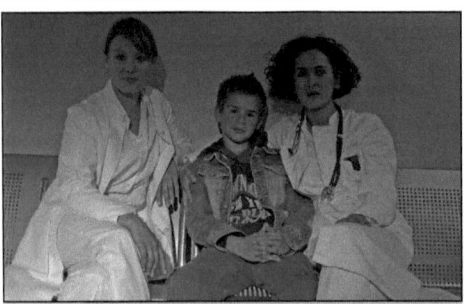

Die Schauspieler Maike Bollow, Marten Kemm und Marie-Lou Sellem (v.l.n.r.) bei Dreharbeiten im Elbkrankenhaus (im Jahr 2007 in Langenhorn).

Drehstart mit Hardy Krüger jr. und Gerit Kling in den Räumlichkeiten des Elbkrankenhauses.

Filmklappe für Dreharbeiten mit Dr. David Lindberg (Hardy Krüger jr.). Er ist der neue Ärztliche Direktor im EKH. Seit einem Unfall vor einigen Jahren sitzt er im Rollstuhl. In seiner neuen Funktion hat er eine Vielzahl von Aufgaben zu bewältigen. Dr. Lindberg soll die Zusammenarbeit der medizinischen Fachrichtungen verbessern, Abläufe optimieren und Lösungsvorschläge für Konflikte erarbeiten. Davids Präsenz birgt allerdings auch Konfliktpotential für Dr. Jasmin Jonas. Dr. Lindberg ist eher grob und direkt, Jasmin fein und höflich. Seine Art ist forsch, und er pflegt einen gnadenlos direkten Umgang. Er sagt, was er denkt.

Dr. David Lindberg (Hardy Krüger jr.). Rechts: Hinweistafel für Patienten und Besucher des EKH.

Polizeimeister Tarik Coban (Serhat Çokgezen) geht als Streifenteam Peter 21/3 mit Claudia Fischer (Janette Rauch) in Hamburg auf Streife und sorgt für Recht und Ordnung. Auf dem Foto stehen beide im Empfangsbereich des EKH.

Bernd „Boje" Thomforde.   Oberärztin Dr. Jasmin Jonas.   Melanie Hansen.

Claudia Fischer.

Weitblick mit Durchblick: Polizeioberkommissarin Melanie „Melli" Hansen (verkörpert von Sanna Englund) sucht am Hamburger Hafen nach einem Verdächtigen. Im Hintergrund ist ein so genannter Schlepper zu sehen.

Der Streifenwagen mit der Bezeichnung Peter 21/2.

Jule Schmitt geht in der 5. Staffel zusammen mit Henning Storm als Team Peter 21/2 auf Streife.

Das Ehepaar Waldmeyer (Michael Trischan und Lisa Fitz).

Franziska Jung und Bernd Thomforde.

Jule Schmitt geht in der 5. Staffel zusammen mit Henning Storm als auf Streife.

Hier wird ein Dreh vorbereitet: Das Auto in Stellung gebracht, die Kamera (rechts im Bild) eingestellt.

Mattes Seeler.

76

Dreharbeiten im Stadtteil Marienthal: Bernd Thomforde (Frank Vockroth) und Franziska Jung (Rhea Harder-Vennewald) an ihrem Streifenwagen Peter 21/2.

Polizist Hans Moor.

Melanie Hansen und Mattes Seeler. „Ist die Katze nicht im Haus, tanzen die Mäuse auf dem Tisch." „Ist der Revierleiter nicht im Haus, tanzen beziehungsweise sitzen die Polizisten auf dem Tisch...

Polizistin Jule Schmitt.

Mattes Seeler (Matthias Schloo) im PK 21.

Claudia Fischer im Einsatz.

Das Streifenteam Peter 21/3: Polizeimeister Tarik Coban (Serhat Çokgezen) und Polizeihauptmeisterin Claudia Fischer (Janette Rauch).

Tarik Coban.

Polizeimeisterin Jule Schmitt übernimmt die Vertretung für die in den Mutterschutz gegangene Franziska Jung. Links: Henning Storm.

Jule Schmitt (Wolke Hegenbarth).

Henning Storm (gespielt von Uwe Fellensiek).

Polizeihauptmeisterin Claudia Fischer.

Henning Storm (gespielt von Uwe Fellensiek).

Gruppenfoto mit einem Teil der Mannschaft des PK 21 und der Oberärztin Dr. Jasmin Jonas vom EKH auf einer Fähre auf der Elbe. Abgedreht: die 200. Folge der Serie „Notruf Hafenkante".

Oberärztin Dr. Jasmin Jonas (hier noch privat) auf dem Weg mit Fahrrad ins EKH.

Polizeimeister Tarik Coban im Elbkrankenhaus.

Prominente Gastdarsteller

Schauspieler	Rollenname
Andreas Brucker	Dirk Schweger
Ingrit Dohse	Rita Zempin
Thomas Douglas	Herr Steyer
Carolin Fink	Veronica Madsen
Hazel Franke	Lara Tremmel
Sven Fricke	Mike Kröger
Miriam Horwitz	Nicole Hofer
Klaudija Jovanovic	Chantal
Franz Anton Kroß	Mickey
Knud Riepen	Hans Jürgens
Timm-Marvin Schattling	Felix
Hartmut Schorries	ein Zeuge
Hildegard Schroedter	Sonja Damberg
Traudel Sperber	Chris Hartel
Jana Thies	Diana
Nicola Thomas	Susanne Schmidtler
Dominik Bender	Wolfgang Rother
Julie Bräuning	Denise
Paula Hans	Andrea Mehnert
Katharina Matz	Elfie Reuter
Peter Rühring	Herr Weinrich
Jochen Stern	Hans Rössler
Matthias Ziesing	Heiko Neubrand
Joseph K. Bundschuh	Andreas
Frederick Lau	Mike
Andreas Leupold	Manfred Behrens
Annette Mayer	Pflegedienstleiterin
Peter Meinhardt	Herr Kaiserling
Irmgard Riessen	Zeugin
Reinhard Scheunemann	Niemeyer
Jurij Schrader	Ilja
Paul Faßnacht	Friedhelm Altvater
Johannes Hitzblech	André Meuren
Anja Lechle	Silke Hajock
Andrea Lüdke	Lena Stein
Eva Mannschott	Anita Berens
Murali Perumal	Muhammad Qureshi
Jannik Schümann	Jan Wörner
Benjamin Seidel	Malte Schneider
Swantje Kohlhof	Svenja Diefenthal
Eva-Maria Kurz	Elfriede Kern

Veit Stübner spielt in der Folge „Karlotta" (Folge 22) den Zeitungshändler Heiner Schlingmann. Zum Inhalt: Bernd Thomforde und Kollegin Franziska Jung verfolgen die Spur des Zeitungshändlers Heiner Schlingmann. Es gibt Gerüchte in der Nachbarschaft, dass sich der Mann sehr für Kinder interessiert. Vielleicht zu sehr. Der Verdacht auf Schlingmann verdichtet sich, als Thomforde Karlottas Turnbeutel in seinem Laden findet und sich der Mann in Widersprüche verstrickt. Der 50-Jährige, der laut Zeugenaussagen Kindern „komisch" nachschauen soll, wird aufs PK 21 gebracht. Hält er Karlotta an einem unbekannten Ort gefangen? Clemens, der zehnjährige Freund von Karlotta, liegt nach einem Autounfall im Krankenhaus. Boje Thomforde und Franzi Jung befragen den Jungen, der sich auffällig still verhält.

Schauspieler	Rollenname
Andrea Sihler	Ingrid Krause
Justine Stasiak	Flocke
René Steinke	Volker Engelhardt
Hans Heller	Gerd Madsen
Julian Hummel	Tobias
Hannes Wegener	Armin Raudonat
Anna Willecke	Lara Meister
Meo Wulf	Oliver Jensen
Brigitte Zeh	Katja Sörensen
Inka Löwendorf	Vanessa
Henry Stange	Clemens
Mats Reinhardt	Björn Herzog
Helga Boettiger	Gertrud Biesterfeld
Matthias Knop	Tonelli
Henriette Confurius	Svenja
Niklas Garn	Fred Knusemann
Martin Goeres	Veit
Moritz Grove	Tonie
Christoph H. Dittmann	ein Zechpreller
Jeannette Arndt	Sybille
Oliver Boysen	Andreas Weigant
Stephanie Stremler	Chrissy Hellweg

Katrin Pollitt (rechts) spielt in der Folge „Spiel des Lebens" (Folge 2) die Nachbarin Elke Schmitt. Zum Inhalt: Thomforde und Jung schlagen sich mit einem absurden Nachbarschaftsstreit herum: Veronika Waldmeyer beschuldigt ihre Nachbarin Elke Schmitt, ihre geliebte Katze Charlie absichtlich überfahren zu haben. Die Polizisten können zunächst schlichten, werden dann aber kurz darauf erneut zum Ort des Geschehens gerufen: Frau Waldmeyer hat Frau Schmitt mit einer Gartenharke attackiert und sie verletzt. Thomforde und Jung nehmen die renitente Frau Waldmeyer auf die Wache mit, wo der Fall eine unerwartete Wendung nimmt. Währenddessen muss sich Jung den hohen Herausforderungen des Polizeiberufs stellen: Sie wurde bereits im Einsatz angegriffen, dabei fast tödlich verletzt. Ihr Vorgesetzter will sie daraufhin aus dem Dienst nehmen.

Sky du Mont und seine Frau Mirja spielen das Touristenehepaar Meisl, das mit einem Campingmobil in der Hansestadt unterwegs ist. In der Folge „Vergessene Wahrheit" (Folge 266) läuft ihnen ein Flüchtiger vor das Fahrzeug... Auf dem Foto oben genießen beide eine Barkassenfahrt auf der Elbe.

Schauspieler	Rollenname
Johanna Werner	Charlie Frerichs
Samantha Viana	Maria Passa
Judith von Radetzky	Monika Scheller
Peter Weiß	Carsten Pollmann
Wieslawa Wesolowska	Irene Gradka
Marion Martienzen	Hannelore Ekkhard
Gabriele Domschke	Gisela Rother
Andreas Dyszewski	Sven
Björn Grundies	Mike
Johannes Klaußner	Jens Osterland
Philipp Otto	Pfarrer Schmitt
Axel Röhrle	Kollege von Kamm
Moritz A. Sachs	Pfleger Rehmert
Martin Wissner	André
Vanessa Le	Liu
Daniel Michel	Jens Schulz
Karina Thayenthal	Silke Pottharst
Olaf Burmeister	Philipp Heun
Andrea Jolly	eine Pflegerin
Erik Madsen	Marten Stocker
Kyra Mladeck	Käthe Krieger
Thorsten Nindel	Torsten Weber
Bert Tischendorf	Jens Arland
Torsten Hammann	Matrose
Henry König	Werner Jacobi
Laura Lo Zito	Victoria
Anne Moll	Wirtin
Junis Noreick	Finn Greve
Falk Rockstroh	Herbert Fichte
Marvin Werner	ein Zauberer
Kurt Glockzin	Organist Korf
Ilja Roßbander	Bling
Katrin Wichmann	Birgit Uhland
Christine Wilhelmi	Frau Strattmann
Alexandra Schalaudek	Nadja Timm
Marianne Schubarth	Frau Busch
Werner Jantosch	als Polizeipräsident
Helmut Mooshammer	Veranstalter
Margot Nagel	eine alte Dame
Pegah Kazemi	Naina
Marita Marschall	Kiki von Oppen
Stefan Mocker	Peter Sänger
Friedrich Püttmann	Max

Jonas Nay übernimmt in der Folge „Freiwild" (Folge 110) eine Gastrolle. Zum Inhalt: Die 16-jährige Ausreisserin Nina kommt mit einer schweren Verletzung ins Elbkrankenhaus und bricht dort zusammen. Dr. Jasmin Jonas bekommt aus dem jungen Mädchen heraus, dass sie an ihrem Schlafplatz von einem maskierten Mann überfallen wurde. Nina konnte sich zwar befreien, verletzte sich aber bei der Flucht. Bevor Melanie Hansen und Mattes Seeler Nina weiter befragen können, verschwindet sie aus dem Krankenhaus – und das, obwohl sie schwere innere Verletzungen hat, die lebensgefährlich sind. Ein Wettrennen gegen die Zeit beginnt: Die Teams teilen sich auf – es geht darum, Nina zu finden, bevor es zu spät ist.

Schauspieler	Rollenname
Martin Brambach	Eckart Brumund
Katharina Eckerfeld	Gerda Sänger
Tomek Nowicki	Spliffi
Mignon Remé	Frau Dr. Schneider
Frank Schubert	Peter Henzler
Lars Eidinger	Jürgen Burowsky
Pegah Ferydoni	Hatun Kelek
Thomas Kügel	Torsten Schröter
Norbert Ghafouri	Tom Rogge
Orhan Güner	Herr Kelek
Waléra Kanischtscheff	Iwan
Heike Koslowski	Ulrike Schmidt
Julia-Maria Köhler	Kati Klein
Georg Leo Marx	ein Lehrer
Sarah Alles	Sofia Oliveira

In der Folge „Lügen und Geheimnisse" (Folge 161) taucht zu allem Überfluss plötzlich der chaotische Vater von Polizeiobermeisterin Franziska „Franzi" Jung auf. Comedy-Star, Sänger („Millionen Frauen lieben mich") und TV-Moderator Karl Dall spielt in mehreren Folgen Karl-Heinz „Rufi" Rufenberg und sorgt in der Serie für frischen Wind.

Nanu – der sonst so fröhliche Partykönig von Mallorca macht auf dem obigen Foto aber keinen fröhlichen, glücklichen Eindruck. Grund: Sänger Jürgen Drews („Ein Bett im Kornfeld", „Barfuß durch den Sommer") schlüpft in die Rolle des gut gelaunten Benny Voßberg und wird nach einer ausgiebigen Partynacht auf dem Kiez ins Elbkrankenhaus eingeliefert. Bei seiner Kneipentour muss er gepanschten Alkohol erwischt haben und die Diagnose lautet: Methanol-Vergiftung. In einem Rollstuhl wird er über die Flure des EKH gefahren und in sein Krankenzimmer gebracht. Er wäre aber nicht Jürgen Drews, wenn er als Benny Voßberg das Krankenhauspersonal nicht auf Trab halten würde. So hat die „Gute Fee" vom Empfang, Frauke Prinzen (gespielt von Manuela Wisbeck) mehr als alle Hände voll zu tun, Voßberg von seinen Fluchtversuchen abzuhalten. Jürgen Drews ist in der Folge „Schwarzer Tod" (Folge 159) zu sehen. Regie: Oren Schmuckler.

Schauspieler	Rollenname
Klara Kämpfer	Lea
Mareile Blendl	Nadine Schubert
Sophia Boehme	Lorentine Bäumler
Sebastian Brandes	Jan Sperling
Oliver Broumis	Andreas Wiegand
André Dietz	Gerd Jankowitsch
Ole Eisfeld	Justus Silberling
Friederike Frerichs	Elfi Schmidt
Christoph Gareisen	David Ingwersen
Melanie Gatos	Mona Färber
Martin Brücker	Mike Franke
Kalle Haverland	als Kneipenwirt
Ulas Kilic	Zak Maatouk
Jonathan Beck	Azubi Robert
Renate Becker	Rita Kuntze
Moritz Berg	Herr Braun
Johanna Bittenbinder	Mäggy
Karen Böhne	Marisa von Schmetting
Stephan Bürgi	Arno Bäumler
Charleen Deetz	Alina Schubert
Philipp Gerstner	als Azubi Basti
Marc Zwinz	Ulrich Schutzka
Birte Hanusrichter	Sybille Schulte
Haley Louise Jones	Antonia Brunner
Aleksandar Jovanovic	Martin Brandauer
Annette Kreft	Corinna Blume
Felix Kuhn	Adrian Hohenfeld
Bettina Lamprecht	Natascha Dirks
Cornelia Schmaus	Dorle Newe

Schauspielerin Lisa Fitz spielt in der Folge „Spiel des Lebens" Veronika Waldmeyer. Zum Inhalt: Thomforde und Jung schlagen sich mit einem absurden Nachbarschaftsstreit (das Haus steht in der Straße Kielmannsegg in Hamburg-Marienthal) herum: Veronika Waldmeyer beschuldigt ihre Nachbarin Elke Schmitt, ihre geliebte Katze Charlie absichtlich überfahren zu haben. Thomforde und Jung können zunächst schlichten, werden dann aber kurz darauf erneut zum Ort des Geschehens gerufen: Frau Waldmeyer hat Frau Schmitt mit einer Gartenharke attackiert und sie verletzt.

In der Folge „Einmal Traumschiff" (178) hat ein junges Brautpaar seine Hochzeitsreise auf dem „Traumschiff" gebucht, steht aber nicht auf der Passagierliste. Die Beamten des PK 21 kommen einem Betrüger auf die Spur, der über ein Reisebüro, das einer alten Freundin von Beatrice von Ledebur (Heide Keller) gehört, Luftbuchungen durchgeführt hat. Gemeinsam mit den Streifenpolizisten versucht die Chefhostess den frisch Vermählten doch noch zu ihrem ersehnten Traumurlaub zu verhelfen. Das Foto rechts zeigt Heide Keller unter einem Regenschirm bei Dreharbeiten an der Elbe.

Schauspieler	Rollenname
Fabienne Haller	Nadja Springer
Tessa Mittelstaedt	Sonja Tarrach
Leo Natalis	Tim Färber
Franziska Schlattner	Ines Hauber
Josephine Schmidt	Gesine Schwenkrad
Theresa Scholze	Linda Teber
Benjamin Trinks	Marvin Färber
Heike Ulrich	Marlene Koch
Sabine Urig	als Richterin
Edda Leesch	Ingrid Harms
Leonie Brunnert	Mira
Thomas Piper	Robert Fröhlich
Roland Renner	Olaf von Bredorn
Ingrid Resch	Elisabeth Hohenfeld
Lee Rychter	Carsten Waits
André Röhner	Holger Lohmann
Ralph Schicha	Eduardo Esteban
Saskia Schindler	Annemarie Kleinert
Tino Mewes	Roman Kessler
Isabel Bongard	Anna Peters
Martin Ontrop	Alexander Büttner
Heinz Lieven	Herr Rosenkötter
Christine Rothacker	Frau Jansen
Gerd Pape	Oberkommissar Petzak
Erik Schlicksbier	Polizeiobermeister Hinze
Thomas Koch	Christoph Holsten
Patrick von Blume	Andreas Ricken
Oliver Breite	Achim Weigand
Tim Wilde	Colonel
Peter Franke	Hans Reuter
Kailas Mahadevan	als Fantasyshopbesitzer
Lucie Heinze	Pauline Becker
Ole Puppe	Andreas Stein
Michael Silbereisen	als Dr. Lindenbaum
Hendrik Duryn	Christian Olsen
Ulrich Bähnk	Bert Jessen
Max Herbrechter	Dr. Friedrich Pistorius
Barbara Focke	Hedwig Maus
Christian Blümel	Chris Wilpert
Christoph Hemrich	Chris Stein
Oliver Sauer	Dominik van Noten
Esther Esche	Anja Kohler
Christoph Michel	Rainer Voss

Hans-Peter Korff taucht in der Serie als Heimbewohner Müller in der Folge „Kais Entscheidung" auf.

Edgar Bessen spielt in der Folge „Liebeswahn" (17) den Robert Heidrich.

Tanja Schumann ist in der Folge „Schwarzer Tod" zu sehen. Posting am 16. Februar 2012 bei Facebook: „Endlich darf ich mal böse sein."

Schauspieler	Rollenname
Marleen Lohse	Lena Fischer
Peter Jordan	Fred Meinard
Christian Näthe	Robert Engel
Michael Kind	Kalle Wiekmann
Stefanie Döbler	Ariane Braner
Jannik Paeth	Tim Brandhus
Frank Jacobsen	Karl-Heinz Bockner
Steffen Schroeder	Hagen Bertram
Ralph Kretschmar	Daniel Besicz
Rüdiger Dambroth	als Imbissbudenbesitzer
Katharina Spiering	Elena Oswald
Kai Ivo Baulitz	Magnus von Seefeld
Götz Schubert	Bernhard Brandhus
Michael Ehnert	Karsten Hinrichs
Christoph Jacobi	Harald Müller
Michael Prelle	Gerd Kutscher
Nicolas König	Stefan Kühn
Erika Skrotzki	Lilo Kutscher
Jochen Schropp	Andi Becker
Charlotte Schwab	Dörte Seeler
Konny Reimann	Ollo Bornkamp
Uwe Friedrichsen	Dieter Krieger
Gudrun Gundelach	Frau Teufel
Heike Hanold-Lynch	Karin
Armin Dillenberger	Hanno Ortwin
Anna Grisebach	Meret Jansen
Michael Schenk	Daniel „Danny" Hessler
Lilay Huser	Hüsein Coban
Caroline Dibbern	Iris Mikoleit
Holger Daemgen	Karl Kuhn
Elisabeth Wiedemann	Margarethe Buhr
Detlef Bierstedt	Hans Esterloh
Katja Danowski	Juliane Seifert
Michael Wenninger	Alexander Hagemeyer
Thomas Balou Martin	Bernhard Buttfanger
Dirk Martens	Ralf
Julina Blum	Emma Jung
Rufus Beck	Markus Herold
Uwe Bohm	Malte Zühl
Nina Hoger	Vera Gonscharow
Pit Bukowski	Steffen Wiesinger
Andrea Ballschuh	Yvonne Müller
Christian Rudolf	Bernhard Berners

Till Demtrøder spielt in der Folge „Harte Jungs" den Biker Harry Saltkamp.

Als Elsa Krause ist die Flensburger Schauspielerin Renate Delfs in der Folge „Schutz- engel" zu sehen. Auch in „Das verlassene Kind" (35) ist sie zu sehen.

Uwe Rohde ist in der Folge „Matjeskrieg" (81) als Hannes Jensen und in der Folge „Bittere Wahrheiten" (26) als Rainer Damberg zu sehen.

"Peter 21/1"-Team ermittelt beim „Landarzt"

Die Verfolgung flüchtender Bankräuber führt Kommissarin Melanie Hansen und ihren Kollegen Polizeikommissaranwärter Mattes Seeler in das Zuständigkeitsgebiet von „Landarzt" Dr. Jan Bergmann und der Polizei von Deekelsen (fiktive Ortschaft an der Schlei in der Nähe von Kappeln in Schleswig-Holstein). Zu sehen ist die „Begegnung" in der Folge „Amtshilfe" der Arztserie „Der Landarzt" (Erstaustrahlung 18. Januar 2013). Zum Inhalt: Nach einem Banküberfall verlieren die Hamburger Kommissare kurz vor der Ortschaft Deekelsen den Fluchtwagen mit den Verdächtigen aus den Augen. Die weiteren Ermittlungen übergeben die beiden deshalb an die zuständigen Kollegen in Deekelsen, Nico Bock (gespielt von Adrian Topol) und Dieter Paetz (Ulrich Bähnk). Spontan nutzen sie die Gelegenheit für einen Wochenendbesuch bei Dr. Jan Bergmann (Wayne Carpendale) und seiner Frau Maren (Caroline Scholze), die sie auf einer Hochzeit in Hamburg kennen gelernt hatten.

Dass es sich bei dem „Urlauber" Helge Hübner (Matthias Brüggenolte), der wegen eines Krampfanfalls als Patient bei Jan in der Praxis landet, um einen den flüchtigen Bankräuber handelt, macht den Fall brisant. Als am nächsten Tag Bauer Jens Halling (Thomas Balou Martin) den Fluchtwagen der Bankräuber hinter seiner Scheune findet und zeitgleich ein Überfall auf die Deekelsener Bank verübt wird, spitzt sich die Lage zu.

„Der Landarzt - Amtshilfe" ist die zweite Zusammenarbeit der beiden TV-Serien. 5,4 Millionen Zuschauer verfolgten nach Senderangaben die Erstausstrahlung am 4. November 2010 die „Notruf Hafenkante"-Folge „Der verlorene Bräutigam", in der Wayne Carpendale und Caroline Scholze als „Landarzt" Jan Bergmann und Freundin Maren Jantzen mitspielten (Seite 90).

Die Praxis aus der Serie „Der Landarzt" im fiktiven Ort „Deekelsen" (rechts das Ortsschild) wird der in der Landarzt-Folge „Amtshilfe" von Melanie Hansen und Mattes Seeler (kleine Fotos unten) aufgesucht.

Besuch vom Landarzt aus Deekelsen

Zur 100. Folge von „Notruf Hafenkante" (Episodentitel: „Der verlorene Bräutigam") bekommt das Hamburger Team Besuch von Dr. Jan Bergmann (gespielt von Wayne Carpendale, dem Sohn von Sänger Howard Carpendale).
Zum Inhalt: Als Trauzeuge ist Jan Bergmann, begleitet von seiner Freundin Maren Jantzen (Caroline Scholze), nach Hamburg eingeladen worden. Allerdings verschwindet der beste Freund von Jan Bergmann ausgerechnet am Tag der Hochzeit spurlos. Dr. Bergmann wendet er sich hilfesuchend an das Polizeikommissariat 21, in dem die Beamten aus „Notruf Hafenkante" ihren Dienst verrichten. Sämtliche Streifenpolizisten nehmen nach erfolgreicher Suche des Vermissten anschließend an der Hochzeit teil. Die Hochzeit findet bei strahlendem Sonnenschein auf dem Museumsschiff „Rickmer Rickmers" statt.
Gedreht wurde in der Hansestadt unter anderem auf der Rickmers Rickmers, im Stadtteil St. Pauli und in der Eppendorfer Landstraße.

Wayne Carpendale (links) und Kai Lentrodt auf der Rickmer Rickmers.

Dreharbeiten auf dem Musueumsschiff Rickmer Rickmers im Hamburger Hafen.

Im Gegenzug bekommt in der 25. Jubiläumsstaffel der Serie „Der Landarzt" das Dorf „Deekelsen" Besuch zweier Polizisten aus „Notruf Hafenkante", die in der Heimat des Landarztes einen Bankraub aufklären (Seite 89).

Grüner Drehpass für „Notruf Hafenkante"

Im November 2014 kam folgende Pressemitteilung ins digitale Postfach des Autors: Die Filmförderung Hamburg Schleswig-Holstein hat die ZDF-Vorabendserie „Notruf Hafenkante" mit dem „Grünen Drehpass" ausgezeichnet. Beim „Grünen Drehpass" handelt es sich um ein zertifiziertes Gütesiegel der Umwelt- und Klimaschutzinitiative der Filmförderung Hamburg Schleswig-Holstein für Film- und TV-Produktionen mit Handlungsempfehlungen, wie am Set der Energieverbrauch reduziert und Müll vermieden werden kann. Gemäß der Presseinformation wird dieser Pass an Produktionen vergeben, die nachweislich mindestens drei von fünf Einsparungsmaßnahmen in den Bereichen Ausstattung, Catering, Produktionsbüro, Crew, Transport und Technik, sowie Erstellung einer Ökobilanz durchführen. Die Serie „Notruf Hafenkante" ist nach dem „Großstadtrevier" bereits die zweite langlaufende Serie der Studio Hamburg FilmProduktion, die dieses besondere Gütesiegel für nachhaltiges Drehen erhalten hat.

„Wir freuen uns sehr, dass eine weitere Studio Hamburg Produktion nach den Empfehlungen des Grünen Drehpasses produziert. Mit viel Engagement und Kreativität setzt das Team von ‚Notruf Hafenkante' das grüne Handeln um, jeden Tag erscheint auf der Dispo ein Satz zu Umwelt- und Nachhaltigkeitsthemen. Das erfrischt das Bewusstsein und hält das Thema lebendig", sagt Christiane Dopp von der Film Commission der Filmförderung Hamburg Schleswig-Holstein.

„Die Auszeichnung freut uns sehr, denn sie bestätigt uns darin, mit dem Überdenken routinierter Abläufe der Umwelt zuliebe auf dem richtigen Weg zu sein – auch wenn dies Fleiß, Überzeugungsarbeit und Zeit bedeutet. Das Team rund um unseren Produktionsleiter Marcus Kreuz ist bereits mit großem Engagement dabei, die Klimainitiative der Filmförderung zu unterstützen und wird die Auszeichnung als Ansporn sehen, auch weiterhin noch nachhaltiger zu produzieren", sagt Michael Lehmann, Vorsitzender Geschäftsführer der Studio Hamburg Produktion Gruppe.

Wie es weiter in der Mitteilung heißt, werde beispielsweise Elektromüll reduziert,

die Ausstattung recycelt, abbaubare und wieder verwendbare Materialien wie Holz und Stoff verwendet, um den Energieverbrauch zu reduzieren und Müll zu vermeiden. Außerdem werden regionale und saisonale Produkte beim Catering bevorzugt, die Verwendung von Plastikbechern und -flaschen reduziert und Mehrweggeschirr verwendet, sowie der Müll getrennt.

Im Produktionsbüro werde umweltfreundliches Papier verwendet, es geht um Vermeidung von Drucken, wenn doch, nur beidseitig, Dispos werden elektronisch verschickt und Ökostrom genutzt. Auch werden Fahrgemeinschaften gebildet, energieeffiziente Lichttechnik verwendet und feste beziehungsweise wieder aufladbare Stromquellen am Set genutzt.

2014: „Notruf Hafenkante" erhält den „Grünen Drehpass".

Kurz & Knapp / Wissenswertes zur Serie

Erstausstrahlung

4. Januar 2007

Die Musik

Die Titelmelodie der Serie hat Michael Soltau komponiert

Die Produktion

Studio Hamburg FilmProduktion

Die Quote

Laut Angaben der ausstrahlenden Sendeanstalt schauen sich im Schnitt 3,6 Millionen Menschen jede einzelne Folge an

Der Drehort

Gedreht wird die Serie ausschließlich an Originalschauplätzen in Hamburg und Umgebung. Lediglich die Innenaufnahmen vom PK 21 und vom Elbkrankenhaus werden in einer Art Studio gedreht (lesen Sie dazu bitte die Seiten 7 bis 18). Alle anderen Szenen werden komplett an Originalschauplätzen produziert.

Die Gastdarsteller

In einer Serie wie „Notruf Hafenkante" dürfen auch prominente Gastdarsteller nicht fehlen. So spielten unter anderem Barbara Schöneberger, Lisa Fitz, Till Demtrøder, Oliver Bäßler, Sonya Kraus, Karl Dall, Konny Reimann, Sky und Mirja du Mont, Udo Walz, Drew Sarich, Rebecca Mir oder beispielsweise Katy Karrenbauer in der Serie mit. Bitte lesen dazu das eigene Kapitel ab Seite 84.

Die Redaktion

Die Redaktion im ZDF liegt aktuell (2015) bei Dominik Kempf und Thorsten Ritsch

Der Produzent

Produzent der Serie Notruf Hafenkante ist Michael Lehmann, ausführende Produzentin ist Ines Karp

Die Regisseure

Bernhard Stephan
Gero Weinreuter
Jörg Schneider
Erwin Keusch
Bodo Schwarz
Stephan Meyer
Udo Witte
Oliver Sander
Oren Schmuckler
Nicolai Rohde
Rolf Wellingerhof
Donald Kraemer
Thomas Durchschlag
Oren Schmuckler
Rolf Wellingerhof
Daniel Drechsel-Grau

Dietmar Klein
Maria Anna Rimpfl
Samira Radsi und weitere

Die Buchautoren

Astrid Ströher
Marc Blöbaum
Alexander M. Rümelin
Axel Hildebrand
Luci van Org
Michael Illner
Scarlett Kleint
Klaus Arriens
Thomas Wilke
Thomas Stiller
Bele Nord
Jochim Scherf
Nina Bohlmann
Nina Weger
Gabriele Herzog
Frank Posiadly
Tina Gorf
David Ungureit
Fabian Thaesler
Marion Hohenfeld
Stephanie Blöbaum
Anne Nowak
Heike Brückner von Grumbkow
Kerstin Engel und weitere

Die Komparsen

Die Studio Hamburg FilmProduktion GmbH sucht immer wieder Komparsen. Personen unterschiedlichen Alters (möglichst aus Hamburg oder Umgebung) können sich gerne per E-Mail um eine Komparsenrolle bewerben: casting_hafenkante@gmx.de oder bei der Agentur „Extra Faces". Fragen zur Serie und Komparserie beantwortet das Team unter hafenkante@studio-hamburg.de.

Ewiger Komparse

Aktuell wird in Hamburg die mittlerweile zehnte Staffel der Erfolgsserie „Notruf Hafenkante" gedreht (Seite 95). Mit dabei ist Gerd Pape als Polizeioberkommissar Petzak. Er ist Komparse der ersten Stunde: seit 2006 steht der gebürtige Pinneberger vor der Kamera. „So wie andere ins Fitnessstudio gehen, gehe ich zur Hafenkante", sagt Gerd Pape gegenüber der Osnabrücker Zeitung, die im Oktober 2014 einen ausführlichen Bericht über den Langzeitkomparsen veröffentlicht hat.

Die Serie im Netz

http://notrufhafenkante.zdf.de/

Das Genre

Kombinierte Arzt- und Polizeiserie, Handlungsort Hamburg

Die Länge

Die Länge einer Folge beträgt (ohne Werbung) etwa 43 Minuten

Aktuelle Besetzung

Das Polizeiteam: Oberkommissarin Melanie Hansen (Sanna Englund), Polizeiobermeisterin Franzi Jung (Rhea Harder-Vennewald), Polizeihauptmeisterin Claudia Fischer (Janette Rauch), Polizeioberkommissarin Alexandra Seifart (Minh-Khai Phan-Thi), Polizeikommissar Mattes Seeler (Matthias Schloo), Hauptkom-

missar Hans Moor (Bruno F. Apitz) und Polizeimeister Tarik Coban (Serhat Çokgezen).
Auf der Wache sorgen im Innendienst Revierleiter Wolf Haller (Hannes Hellmann) und der Wachhabende Wolle (Harald Maack) für Ordnung.
In der Klinik (EKH) leisten Notärztin Dr. Jasmin Jonas (Gerit Kling) und Dr. Philipp Haase (Fabian Harloff) ihren aufreibenden Dienst. Der neue ärztliche Direktor am EKH ist Dr. David Lindberg (Hardy Krüger jr.). Die Patienten werden von Frauke Prinz (Manuela Wisbeck) empfangen.

Ein Bayer im Norden

Christian Tramitz („Schuh des Manitu", „Bullyparade", „Tramitz & Friends") ist in sechs Folgen für „Notruf Hafenkante" zu sehen. Christian Tramitz spielt den bayerischen Polizisten Peter Leitl. Zum Inhalt: Peter Leitl ist Hauptkommissar bei der Münchner Polizei. Er steht kurz vor dem Karrieresprung und „darf" – um seinen Horizont zu erweitern – an einem Austauschprogramm teilnehmen. Im Rahmen dieses Austauschprogramms kommt Leitl in den kühlen Norden – nach Hamburg. Peter Leitl hat dort eingeschränkte polizeiliche Hoheitsbefugnisse und wird Polizeiobermeisterin Franziska „Franzi" Jung (Rhea Harder) an die Seite gestellt. Für Franzi ist ihre „Führungsposition" gewöhnungsbedürftig, sie findet aber zusehends Gefallen daran. Dem gestandenen Mannsbild Peter Leitl fällt es allerdings nicht ganz so leicht, von einer zwar feschen, aber viel jüngeren Frau Ansagen zu bekommen. Kleinere Probleme zwischen Franzi und Peter sind vorprogrammiert.
Mit Christian Tramitz bekommt das PK 21 eine recht schlagfertige Verstärkung.

Versetzungen

Während der bisherig ausgestrahlten neun Staffeln von „Notruf Hafenkante" kommt es in der Serie zu zahlreichen Versetzungen. Hauptkommissar Nils Meermann (Thomas Scharff) wird beispielsweise ins Rheinland versetzt. An seine Stelle tritt Oberkommissar Kai Norden (Markus Knüfken) und fährt durch Hamburg Streife. Oberkommissar Bernd „Boje" Thomforde (Frank Vockroth) geht in ein Zeugenschutzprogramm. Sein Nachfolger wird Ermittler Henning Storm. Polizeimeisterin Jule Schmitt (Wolke Hegenbarth) verlässt das PK 21 wieder, nachdem Polizeiobermeisterin Franziska Jung (Rhea Harder-Vennewald, Foto unten) wieder aus dem Mutterschutz zurück kommt.

Ausstrahlung

„Notruf Hafenkante" hat sich zu einer festen Größe am Donnerstagabend um 19.25 Uhr entwickelt.

Quellenangaben / Anmerkungen

Seit 2006 begleitet der Autor die Dreharbeiten der kombinierten Polizei- und Arztserie „Notruf Hafenkante" und besucht in unregelmäßigen Abständen Pressetermine am Set. Auf diese Weise konnte der Autor Eindrücke vom Filmset sammeln und in diesem Fan-Buch zusammentragen. Allgemeine Angaben zu der Serie „Notruf Hafenkante", sowie Informationen über die Darsteller mit ihren Rollen stammen von Pressemitteilungen der ausstrahlenden Fernsehanstalt und der Produktion (Studio Hamburg). Angaben über genaue Drehorte beruhen auf Recherchen des Autors. Alle Fotos dieses Buches sind von Matthias Röhe. Sie enstanden bei Filmarbeiten von „Notruf Hafenkante" in den Jahren 2006 bis 2015, sowie bei speziellen Fototerminen zu dieser Arzt- und Polizeiserie. Grafiken im Kapitel Drehorte (ab Seite 7) sind von OpenStreetMap.
Es gibt zehn DVD-Boxen der Serie (bis Folge 130), zudem werden im Fernsehen immer wieder Folgen wiederholt und last but not least strahlt das ZDF aktuelle Folgen aus. Letztendlich können alle Angaben in diesem Nachschlagewerk aktuell sein, obwohl viele Darsteller nicht mehr in der Serie mitmachen und auch einige Drehorte gar nicht mehr aufgesucht werden. Dieses Buch beschreibt die Polizei- und Arztserie vom Beginn der Dreharbeiten (im Jahr 2006) bis zum Jahr 2015 unter der Berücksichtigung, dass sich ein Serienfan von „Notruf Hafenkante" sowohl in ältern, als auch in neueren Folgen wiederfindet.
Das Buch erhebt keinen Anspruch auf Vollständigkeit. Es ist auch nicht möglich, alles abschließend zu erwähnen, weil die Serie noch immer gedreht wird und somit laufend Veränderungen vorkommen.

Ausblick auf die zehnte Staffel

Am 10. März 2015 flatterte folgende Pressemeldung ins digitale Postfach des Autors: Drehstart für zehnte Staffel der ZDF-Polizeiserie „Notruf Hafenkante" mit Minh-Khai Phan-Thi als „Neue" (Oberkommissarin Alexandra „Alexa" Seifart) im Revier. Nach dem Serien-Aus von „Der Landarzt" und „Küstenwache" dürfen sich alle Fans guter Arzt- oder Polizeiserien auf eine weitere Staffel freuen.
Am Dienstag, dem 10. März 2015, begannen in Hamburg die Dreharbeiten. Wie es in der Mitteilung heißt, arbeiten auch in den 25 neuen Folgen die Beamten des Polizeikommissariats 21 und die Ärzte des nahegelegenen Elbkrankenhauses Hand in Hand, um Leben zu retten und Straftaten aufzuklären. Inszeniert werden die neuen Folgen von Oren Schmuckler, Rolf Wellingerhof, Daniel Drechsel-Grau, Dietmar Klein, Maria Anna Rimpfl und anderen. „Notruf Hafenkante" ist eine ZDF-Auftragsproduktion der Studio Hamburg FilmProduktion GmbH, die ausführende Produzentin ist Ines Karp, der Produzent Michael Lehmann.

Die einzelnen Folgen von 2007 bis 2015

1. Staffel
1. Zeugnistag
2. Spiel des Lebens
3. Das schwarze Kleid
4. Grauzonen
5. Fremde Tochter
6. Große Fische - kleine Fische
7. Alles hat seine Zeit
8. Fahrerflucht
9. Jackpot
10. Herbststurm
11. Väter und Söhne
12. Boje unter Verdacht
13. Das brennende Brautkleid
14. Das kalte Herz
15. Die Entführung
16. Mit List und Tücke
17. Liebeswahn
18. Lug und Trug
19. Seitensprung
20. Erschütterungen
21. Der lange Weg zurück
22. Karlotta

2. Staffel
23. Auf der Flucht
24. Der kleine Bruder
25. Heirate mich
26. Bittere Wahrheiten
27. Der verlorene Sohn
28. Grenzgänger
29. Kein Weg zurück
30. Die türkische Braut
31. Luckys letzter Coup
32. Auf Leben und Tod
33. Ausnahmezustand
34. Einmal gewinnen
35. Das verlassene Kind
36. Große Freiheit
37. Vollrausch
38. Auf schmalem Grat

39. Angst
40. Filmriss
41. Franzi in Not
42. Sorge um Ole
43. Überraschende Begegnung
44. Herz an Herz
45. Spätfolgen
46. Ausgeschlossen
47. Wo ist Luisa?

3. Staffel
48. Der Neue
49. Vertrauensfrage
50. Offene Rechnung
51. Keine Heimat
52. Nichts als Kohle
53. Herzenssache
54. Nichts als die Wahrheit
55. Wo ist Mama?
56. Hart an der Kante
57. Familiengeheimnisse
58. Gefährlicher Verehrer
59. Das Versprechen
60. Das Herz eines Boxers
61. Liebe deinen Nächsten
62. Trennung in Freundschaft
63. Amerikanische Hochzeit
64. Der blonde Engel
65. Muttergefühle
66. Falsche Töne
67. Gefährlicher Chat
68. Jasmins Fall
69. Heimliche Liebe
70. Heißer Abriss
71. Latin Lover
72. Knock Out

4. Staffel
73. Held für einen Tag
74. Immer Ärger mit Nele
75. Die große Versuchung

76. Pleitegeier
77. Seeheld in Seenot
78. Kais Entscheidung
79. Das Greenhorn
80. Doppelleben
81. Matjeskrieg
82. Vermisstes Glück
83. Gefährliche Fotos
84. Harte Jungs
85. Melanies Alptraum
86. Ein guter Plan
87. Wunderkind
88. Bärendienst
89. Schlaf, Kindchen, schlaf
90. Angst um Emma
91. Wehrlos
92. Die tätowierte Frau
93. Ein Fall für Mattes
94. Loverboy
95. Alte Freunde
96. Die Frau am Ufer
97. Herr Mubiru im Paradies

Staffel 5
98. Der verlorene Bräutigam
99. Gegen die Zeit
100. Geisterstunde
101. Der Preis des Glücks
102. Familienzirkus
103. Grabräuber
104. Karten lügen nicht
105. Risiken und Nebenwirkungen
106. Heiße Ware
107. Hoteldiebe
108. Geld oder Liebe
109. Eine alte Schuld
110. Freiwild
111. Der Soldat
112. Hunger auf Blut
113. Alarm im Kindergarten
114. Alles Lüge
115. Der große Bluff
116. Die letzte Reise

116. Die letzte Reise
117. Verzaubert
118. Männer sind Schweine
119. Eltern – nein, danke!
120. Die Frau aus Ipanema
121. Alles Einstein
122. Gefährliche Begegnung

Staffel 6
123. Hilfe für die Reiterstaffel
124. Stolperfalle
125. Im Bunker
126. Schlangenbiss
127. Yesterday
128. Goldfisch
129. Der letzte Vorhang
130. Die ganze Wahrheit
131. Schatzsuche
132. Ein neues Leben
133. Blackout
134. Dummer August
135. Gewinner und Verlierer
136. Schutzengel
137. Mäggy und der göttliche Plan
138. Das 1 x 1 des guten Tons
139. Die Zeugin
140. Zuckerbrot und Peitsche
141. Ein letzter Kuss
142. Trau, schau, wem
143. Die Tangotänzerin
144. Figaros Rache
145. Unzertrennlich
146. Das Testament
147. Getrennte Wege
148. Alte Schule
149. Der Katzenkiller von Wandsbek
150. Am Ende alles auf Anfang
151. Karambolage – Teil 1
152. Karambolage – Teil 2

Staffel 7
153. Abgetaucht
154. High Heels
155. Wutbürger

156. Leben daneben
157. Recht und Gerechtigkeit
158. Unfrei
159. Schwarzer Tod
160. Unter Brüdern
161. Lügen und Geheimnisse
162. Der Prozess
163. Es grünt so grün
164. Schuss ins Herz
165. Held des Tages
166. Retter in der Not
167. Minderheitenkrieg
168. Gefüllter Fisch
169. Einsatz für Wolle
170. Versuchungen
171. La Paloma
172. Schweigen ist Kupfer
173. Helen
174. Das Geheimnis der Braut
175. Riskante Entscheidung
176. Höhenflüge
177. Der Schuss

Staffel 8
178. Einmal Traumschiff
179. Lucky Punch
180. Gelegenheit macht Diebe
181. Good Cop, Bad Cop
182. Der Maulwurf
183. Das gestohlene Kind
184. Einstand
185. Spätzünder
186. Beinhart
187. Der Schein trügt
188. Party-Crasher
189. Gefangen
190. In der Falle

Staffel 9
191. Kampf der Herzen
192. Das fremde Kind
193. Räuberschach
194. Die Außenseiterin
195. Vater unter Verdacht

196. Spanische Träume
197. Sport ist Mord
198. Das Alibi
199. Betrogen
200. Hausmusik
201. Scheinwelten
202. Bataillon d'Amour
203. Diebe
204. Rufis WG
205. Der Kuss der Spinne
206. Flucht ins Watt
207. Vergessene Wahrheit
208. Elenas letzte Chance
209. Wo ist Papa?
210. Ausgetickt
211. Paulines Fall
212. Verhinderte Liebe
213. Hans im Glück
214. Fremde Heimat
215. Ringo, Kim und Sidney
216. Endlich schlank
217. Verfluchte Liebe

Quelle: Produktionsspiegel des ZDF und Studio Hamburg. Stand: Juli 2015

Janette Rauch spielt in der Serie Polizeihauptmeisterin Claudia Fischer.

Weitere Produkte von Matthias Röhe
Danke Landarzt – 26 Jahre rezeptfreie Unterhaltung

„Der Landarzt", ein Projekt, das sich im Laufe der Zeit zu einer der erfolgreichsten Familienserien im deutschen Fernsehen entwickelt. Die Serie mit Christian Quadflieg, Walter Plathe und von 2008 bis 2012 mit Wayne Carpendale in der Hauptrolle ist einer der wenigen Dauerbrenner auf dem Fernsehbildschirm. Zudem ist sie eine der am längsten laufenden Arzt- beziehungsweise Familienserien in der Fernsehgeschichte. In diesem Buch stellt Autor Matthias Röhe die Darsteller vor, beschreibt die Drehorte der Serie und zeigt eine Auflistung aller bisher gezeigten Folgen. Das große Landarzt-ABC mit Begriffen rund um die Serie, Interviews mit Gerhard Olschewski, Franziska Troegner und weiteren Darstellern, eine umfangreiche Vorstellung prominenter Gastdarsteller runden den Inhalt dieses Buches ab. Das Highlight dürften die zahlreichen Fotos von den Dreharbeiten sein. Set-Fotos, Arbeitsfotos, Portraits und Szenenfotos stellen einen großen Teil dar. In Fanbuch für alle Landarzt-Fans. Von der ersten bis zur letzten Filmklappe (1986 bis 2012). Danke Landarzt – 26 Jahre rezeptfreie Unterhaltung. ISBN: 978-3-7357-7921-2. Preis: 9,99 Euro. www.FoTe-Press.de/produkte.

Nachschlagewerk übers „Großstadtrevier"

Montag für Montag gehen die Beamten des Hamburger Kommissariats 14 auf Streife und in der ARD auf Sendung. „Großstadtrevier" ist eine Vorabendserie, die seit dem Jahre 1986 mit großem Erfolg im deutschen Fernsehen läuft. Wenig Blutvergießen, dafür humorvolle Geschichten aus dem Polizeialltag in der Millionenmetropole Hamburg. Das Buch „Peter 14/2 auf Streife" ist eine ideale Ergänzung zum Buch „Das 14. Revier" und allen anderen bisherigen Produkten dieser Serie. Viele Szenen- und Arbeitsfotos vom Set, ein Suchrätsel mit Begriffen zur Serie und Hintergrundinformationen zur TV-Serie! Es ist ein 114seitiges, informatives Buch. Infos über die genauen Drehorte, Portraits der Darsteller, allgemeine Hintergrundinformationen über Dreharbeiten und eine große Fotostrecke mit schönen Motiven der Darsteller und Kulissen! Erschienen im September 2010 im Verlag Books on Demand, Norderstedt. ISBN-13: 978-3-8423-3033-7. Seitenzahl: 114. Preis: 9,99 Euro. www. FoTe-Press.de/produkte.

Diagnose langlebig: Der Landarzt

Es ist ein tolles Nachschlagewerk über die Fernsehserie „Der Landarzt". Ein interessantes Buch mit vielen Informationen über die TV-Serie, einer genauen Beschreibung „Wo ist Deekelsen" (den genauen Drehorten) und vielen Fotos von den Dreharbeiten. Tolle Setfotos, Szenenfotos, Portraits und Gruppenfotos von den Darstellern der Serie. Von den Anfängen mit Christian Quadflieg, Walter Plathe bis Wayne Carpendale. Ausführlich geht der Autor auf die Anfänge mit Uschi Glas ein, die während der Dreharbeiten schwanger wurde und die Filmarbeiten beenden musste. Gila von Weitershausen übernahm die Rolle der Annemarie Mattiesen, die den Fernsehzuschauern als beliebte Lehrerin aus Deekelsen bekannt ist.
Alle bis zum Jahr 2010 ausgestrahlten Folgen sind chronologisch aufgelistet, zudem stellt der Autor die Hauptdarsteller detailliert vor. Zudem gibt es das Kapitel „gestorben in Deekelsen". Dort beschreibt der Autor, wer in den vergangenen Jahren verstorben ist. Das Buch „Diagnose langlebig: Der Landarzt" gibt es unter www.FoTe-Press.de/produkte für den Preis von 9,99 Euro zu bestellen.

„Raubtierjournalismus – der Kampf ums beste Bild"

Das Buch beschreibt den Arbeitsalltag eines Fotografen, der Tag für Tag in den Pressegräben steht und am Roten Teppich prominente Persönlichkeiten abschießt. Ein Kampf ums beste Bild, denn neben ihm stehen Dutzende von „Kollegen", die einem das Leben ganz schön schwer machen. Tricks und Tipps, wie man gute Pressefotos fertigt und hinterher über eine Agentur vermarktet, stehen in dem 148 Seiten umfassenden Buch. Wie kann man mit seinen Bildern Geld verdienen? Worauf kommt es bei einem Foto an? Wie sieht es mit den Rechten aus? Darf ich einfach Promis fotografieren und dann mit den Fotos machen, was ich will? Ein Hamburger Fotograf erzählt, wie er tagein und tagaus Pressetermine wahrnimmt, Fotos von Promis produziert, diese hinterher mit einem Programm fachgerecht beschriftet und bearbeitet und über eine Fotoagentur in Deutschlands Zeitungen und Zeitschriften bringt. Es ist ein langer Weg zu einer Veröffentlichung in einer Zeitung, Zeitschrift, Illustrierten oder einem Onlinemedium. Ein langer, ein kämpferischer Weg. In keinem anderen Beruf ist der Schritt vom Freund zum Feind so kurz, wie bei den Pressefotografen. Eben noch freundschaftlich geplaudert, steht auf einmal ein Feind neben einem. Mit allen Mitteln geht es hier um das beste Bild. Gerangel, Geschubse, Gedränge, Geschrei – immer wieder Beleidigungen, Verleumdungen, Manipulationen, Diebstähle. All dies gehört zum Berufsbild Pressefotograf dazu. Preis: 11,99 Euro. www.FoTe-Press.de/produkte.

Die Kultbullen aus Hamburg

Anfang 1986 fällt die erste Filmklappe — am 16. Dezember des gleichen Jahres wird die erste Folge unter dem Titel „Mensch, der Bulle ist `ne Frau" ausgestrahlt. Die Serie Großstadtrevier ist geboren und vom ersten Tag an erfolgreich. So erfolgreich, dass gleich nach Ausstrahlung weitere Folgen produziert und gesendet werden. Heute schreiben wir das Jahr 2015 und noch immer werden in Hamburg und Umgebung Folgen für diese Serie gedreht. Zwar sind in der Zwischenzeit viele Köpfe gerollt, aber Witz und Charme sind geblieben. Bemerkenswert: in den vergangenen 25 Jahren gab es nicht mal zehn Todesfälle in der Serie und wenig Blutvergießen.
In dem Buch „Die Kultbullen aus Hamburg" werden Höhe- und Tiefpunkte der vergangenen 25 Jahre skizziert. Es ist eine ideale Ergänzung zu allen bisherigen Produkten der TV-Serie. Die Hauptdarsteller von 1986 bis heute (von Arthur Brauss, Kay Sabban, Mareike Carriére über Peter Neusser, Dorothea Schenck und Edgar Hoppe bis hin zu Jan Fedder, Marc Zwinz und Sophie Moser) werden vorgestellt.

Es gibt Suchrätsel mit Begriffen zur Serie, Interviews mit einigen Darstellern, die prominenten Gastdarsteller werden vorgestellt. Zahlen, Daten, Fakten über die TV-Serie „Großstadtrevier" werden gegeben. Eine Auflistung aller bisher ausgestrahlten Folgen runden den Inhalt ab – außerdem gibt es das Kapitel „300. Folge „Großstadtrevier" mit Informationen über die Dreharbeiten in Bad Segeberg.
Außerdem sind in diesem Buch ganz viele Fotos von den Darstellern, Arbeitsfotos, Setbilder und viele Portraits zu finden!
Erschienen im August 2011 im Verlag Books on Demand, Norderstedt. ISBN-13: 978-3-8423-7329-7. Seitenzahl: 124. Preis: 9,99 Euro. www.FoTe-Press.de/produkte.

Gleicher Inhalt, gleicher Name. Aber in diesem Buch sind weit über 370 tolle Farbfotos – und darüber hinaus zahlreiche weitere Fotos in schwarzweiß zu sehen. Auf 104 Seiten finden Sie auch in diesem Nachschlagewerk alles Wissenswertes zur Polizeiserie „Großstadtrevier". Erschienen am 27. Oktober 2011, ISBN: 978-3-8423-8349-4. Preis: 11,99 Euro, Books on Demand, Norderstedt.

Hamburg: eine Stadt wie im Film

Hamburg ist Anziehungspunkt für zahlreiche Film- und Fernsehmacher. Täglich entstehen etliche Sendeminuten in der Millionenmetropole an Elbe, Alster und Bille. Es gibt keinen Stadtteil, der nicht von Filmemachern als Kulisse dient. In seinem Buch „Hamburg – eine Stadt wie im Film" verrät Autor Matthias Röhe Kulissen vieler Serien und Filme. Wo beamen sich die Mädels aus „Emmas Chatroom" nach Hamburg? In welchem Stadtteil ermitteln die Pfefferkörner? Wo ist das Revier 14 aus dem Großstadtrevier? Wo jagen die Wächter aus „4 gegen Z" den gemeinen Zanrelot? Wo steht das Kriminaltechnische Institut der Gerichtsmedizinerin? Der Autor gibt Basisangaben der Serien und Filme, beschreibt die Drehorte und zeigt eine Auswahl an Fotos. Hamburg zieht nicht nur Filmemacher in die Stadt, sondern die Hansestadt an der Elbe zeigt sich als idealer Medienstandort. Ein Streifzug durch die Medienlandschaft Hamburgs. Hamburg ist viel mehr als nur Schauplatz und Drehort. Zahlreiche Prominente aus Film und Fernsehen leben in der Hansestadt. Sie haben Hamburg zu ihrem Dreh- und Angelpunkt gemacht. Drei Themen, ein Buch: „Hamburg – eine Stadt wie im Film": BoD, Preis: 9,99 Euro. www.FoTe-Press.de/produkte.

Portrait: Der Landarztfotograf

Die Vorabendserie „Der Landarzt" ist ein Projekt, das sich im Laufe der Zeit (seit 1987) zu einer der erfolgreichsten Familienserien im deutschen Fernsehen entwickelt hat. Der Schleswiger Fotograf Kai Labrenz war von 1992 bis 2007 zum Teil als einziger Fotograf am Set und konnte einzigartige und exklusive Fotos mit seiner Spiegelreflexkamera einfangen. In dem Buch „Der Landarztfotograf" werden Erlebnisberichte von Kai Labrenz über die Dreharbeiten wiedergegeben – mit aussagekräftigen Fotos versehen. Set-Fotos, Arbeitsfotos, Portraits sämtlicher Haupt- und Nebendarsteller, sowie schöne Szenenfotos sind in diesem Buch enthalten. Freuen Sie sich auf tolle Fotos von den Klatschtanten aus Deekelsen, dem Landarzt Dr. Uli Teschner, Pastor Eckholm, sowie vielen Schwestern aus der Praxis. Für Fans der TV-Serie ist dieses Buch ein unbedingtes Muss im Bücherregal. Neben Erlebnisberichten und zahlreichen Fotos enthält dieses Werk zudem das Kapitel „Mit Kai Labrenz auf den Spuren des Landarztes". Sie bekommen interessante Hintergründe zu den genauen Drehorten der Serie. Der Fotograf Kai Labrenz, geboren 1961: über eine Ausbildung zum Bauzeichner erwachte sein Interesse an der Fotografie. Foto-Dokumentationen der Dreharbeiten zu vielen bekannten TV-Serien und -Produktionen wie „Tatort", „Der Fürst und das Mädchen" oder „Der Landarzt". Fotograf des Titels „Filmland Schleswig-Holstein". „Der Landarztfotograf", BoD, ISBN: 978-3-7347-5528-6. www.FoTe-Press.de/produkte.

Hochglanzmagazin: Diagnose langlebig: „Der Landarzt"

Seit dem Jahr 2000 begleitet Matthias Röhe die Dreharbeiten am Set des Landarztes und kennt sich mit der Serie gut aus. Neben einem Landarzt-ABC mit Begriffserklärungen zur Serie werden aktuelle wie auch frühere Darsteller portraitiert. Von Christian Quadflieg über Walter Plathe bis hin zu Wayne Carpendale. Auch prominente Gastdarsteller finden im Magazin ihren Platz: Die Ministerpräsidenten Björn Engholm und Peter-Harry Carstensen beispielsweise. „Wir haben Fotomaterial von Uschi Glas, die 1986 die weibliche Hauptrolle besetzte und wegen ihrer Schwangerschaft die Dreharbeiten abbrechen musste. Etwa 60.000 D-Mark wurden damals in den Sand gesetzt", gibt Matthias Röhe einige Details preis. Einen weiteren Schwerpunkt bildet die Rubrik „Wo ist Deekelsen" mit vielen Geheimtipps über die Drehorte. Hunderte Touristen aus ganz Deutschland, Österreich und der Schweiz kommen nach Schleswig-Holstein, um sich die Drehorte im Original anzuschauen. Landarzt-Kreuzwort-Rätsel, ein Landarzt-Rezept – ideal zum Nachkochen, einen Überblick über die einzelnen Folgen, sowie die Rubrik „Gestorben in Deekelsen" – wer alles in den vergangenen Jahren verstorben ist – runden das Informationsmagazin ab. Auf vielen Seiten findet sich eine exklusive Foto-Visite mit einmaligen Szenenfotos. Für jeden Landarzt-Fan ist das neue Hochglanzmagazin (erschienen 01/2010) ein Muss! Das Magazin kann unter www.FoTe-Press.de/Deekelsen bestellt werden und kostet nur 3,99 Euro.

Jeden Montag gehen die Beamten des 14. Polizeireviers auf Streife und in der ARD auf Sendung. „Großstadtrevier" ist eine Vorabendserie, die seit dem Jahre 1986 mit großem Erfolg im deutschen Fernsehen läuft. Fast 300 gedrehte Folgen wurden bis 2009 in 23 Staffeln produziert. Im Jahr 2005 wurde die Serie mit der „Goldenen Kamera" als beste Kultserie ausgezeichnet. Die Handlungen lassen sich kurzum erzählen: Polizeialltag auf dem Hamburger „Kiez". Im Buch „Das 14. Revier" erzählt der Autor über die Drehorte, beschreibt die Charaktere der Figuren und stellt die Darsteller vor. Alle bis zum Jahr 2009 ausgestrahlten Folgen im Überblick, eine Auflistung prominenter Gastdarsteller, sowie eine umfangreiche Bilderstrecke runden den Inhalt ab. Zudem sind Interviews mit drei Hauptdarstellern in dem Buch veröffentlicht. Für Fans der Serie ein Muss! Das Buch ist eine ideale Ergänzung zu allen bisherigen veröffentlichten Büchern und Produkten dieser Serie. Viele Szenen- und Arbeitsfotos vom Set! Buch „Das 14. Revier", www.FoTe-Press.de/produkte.

„Notruf Hafenkante" ist mit bis zu 4,9 Millionen Zuschauern eine der erfolgreichsten Fernsehserien im Vorabendprogramm des Deutschen Fernsehens. Dabei handelt es sich um eine Mischung aus Polizei-, Arzt- und Familienserie. Denn im Vordergrund stehen Geschichten aus dem Alltag der Hamburger Polizisten des Kommissariats 21 in der Speicherstadt, sowie den Ärzten aus dem Elbkrankenhaus. Spannende Geschichten an Hamburgs Hafenkante.

Die Darsteller und ihre Rollen im Portrait, zwei Such-Rätsel mit Begriffen zur Serie, alle ausgestrahlten Folgen bis Januar 2010, Infos über Drehbuchautoren, Komparsen und Regisseure, viele Fotos! Ein ausführlicher Komparsenbericht und zahlreiche Fotos von den Dreharbeiten runden den Inhalt ab. „Einsätze an Hamburgs Hafenkante", BoD, ISBN: 978-3-8391-3169-5, Preis: 9,99 Euro.

Hamburg, die Stadt an Alster, Elbe und Bille ist einer der beliebtesten Wohnorte in ganz Deutschland. Mit seinem besonderen Charme, seinen vielen Grünflächen, seinen Gegensätzen zwischen lebendiger Innenstadt und dem ruhigen, dörflichen Rahlstedt oder Osdorf machen die Hansestadt für etwa 1,75 Millionen Menschen interessant. Als internationale Handels- und Hafenstadt steht Hamburg bis heute für Reichtum und Noblese. In der Hansestadt leben die meisten Millionäre (Einkommensmillionäre gemessen an der Einwohnerzahl in Hamburg nach einer Erhebung des Statistischen Bundesamts). Wo sich etwa 1,75 Millionen Menschen wohl fühlen, mischen sich auch viele prominente Persönlichkeiten unters Volk. Viele sorgen als TV-Moderator für gute Laune, verkünden als Sprecher Nachrichten, moderieren Radiosendungen, holen Titel in verschiedenen Sportarten nach Hamburg oder prägen als Architekten das Stadtbild Hamburgs. In einer Auswahl von 79 Kurzbiografien werden in dem Buch „Hamburg - hier lebten unsere Promis" interessante Persönlichkeiten vorgestellt, die in Hamburg und Umgebung ihre einstigen Wohn- und Wirkungsstätten hatten. Sie haben etwas für die Hansestadt Hamburg getan - direkt und indirekt - mit diesem Buch soll ihnen etwas postum zurückgegeben werden. „Hamburg – hier lebten unsere Promis", BoD, ISBN-13: 978-3-7347-4600-0, Preis: 9,99 Euro.